中国对外直接投资与东道国产业结构升级

贾妮莎　著

中国财富出版社有限公司

图书在版编目（CIP）数据

中国对外直接投资与东道国产业结构升级 / 贾妮莎著 . —北京：中国财富出版社有限公司，2021. 9

ISBN 978 - 7 - 5047 - 7517 - 7

Ⅰ. ①中…　Ⅱ. ①贾…　Ⅲ. ①对外投资—直接投资—研究—中国②东道国—产业结构升级—研究—世界　Ⅳ. ①F832. 6②F269. 1

中国版本图书馆 CIP 数据核字（2021）第 179210 号

策划编辑 于珊珊　**责任编辑** 邢有涛　于珊珊
责任印制 尚立业　**责任校对** 孙丽丽　**责任发行** 杨　江

出版发行 中国财富出版社有限公司
社　　址 北京市丰台区南四环西路 188 号 5 区 20 楼　**邮政编码** 100070
电　　话 010 - 52227588 转 2098（发行部）　010 - 52227588 转 321（总编室）
010 - 52227566（24 小时读者服务）　010 - 52227588 转 305（质检部）
网　　址 http：//www. cfpress. com. cn　**排　　版** 宝蕾元
经　　销 新华书店　**印　　刷** 北京九州迅驰传媒文化有限公司
书　　号 ISBN 978 - 7 - 5047 - 7517 - 7/F · 3336
开　　本 710mm × 1000mm　1/16　**版　　次** 2021 年 9 月第 1 版
印　　张 9. 25　**印　　次** 2021 年 9 月第 1 次印刷
字　　数 137 千字　**定　　价** 59. 00 元

前 言

在国际贸易争端愈演愈烈的背景下，外商直接投资（FDI）与对外直接投资（OFDI）作为资本在国际范围内运动的最高形势，极大地促进了中国从“引进来”“走出去”的双向开放向纵向发展的进程。据《2020年度中国对外直接投资统计公报》显示，中国对外直接投资增势明显，2002—2018年，中国对外直接投资流量年均增长速度高达28.2%，对外直接投资流量占全球比重连续三年超过10%。然而，除了关心中国对外直接投资增长情况外，我们迫切想知道中国对东道国的对外直接投资对其产生了怎样的影响？尤其是对东道国的产业结构升级产生了怎样的影响？其影响东道国产业结构升级的机制又是什么呢？考虑到东道国的历史积淀、地理位置及其与中国的文化差异等，来自中国的直接投资对其产业结构升级和技术创新的作用是否一致？回答这些问题有助于进一步探究中国对外直接投资的特征、丰富中国对外直接投资理论，为进一步推进全球化共建提供理论支撑。

针对上述这些问题，本书分为七个章节来进行详细讨论。第一章笔者从研究背景出发阐述本书研究的意义，进一步界定了本书研究所涉及的相关概念，明确研究的内容、方法及创新点，同时对本书的结构安排进行梳理，并对文章的贡献作出了说明。第二章首先对产业结构升级和对外直接投资两大类领域的文献分别进行梳理和评论，然后以分工作为出发点建立对外直接投资与产业结构之间的理论联系。第三章分析了中国对外直接投资的发展历程和现状，以及东道国的产业结构概况，为研究中国对外直接投资与东道国产业结构升级提供了现实基础。第四章从理论上分别分析了对外直接投资对东道国产业内结构升级和母国产业间结构升级的影响。第五章对中国对外直接投资推动东道国产业结构升级的结论进行验证。该章利用中国对东道国对外直接投资的面板数据检验对外直接投资对东道国产业结构升级的影响，并进一步考虑东道国经济发展水平、与中国地理距离和人文渊源的差异性，对东道国进行样本分析，考察中国对外直接投资对东道国产业结构升级的异质性影响。由于技术创新是提升东道国产业结构的主要手段，因此第六章利用面板数据将中国对外直接投资与东道国技术创新的相关关系进行因果检验，并验证其影响机制。第七章总结本书得出的结论并提出相应的政策建议。

通过本书的分析，笔者发现：①产业结构形成的本质在于分工，国际分工又是对外直接投资的根源，因此分工是联系对外直接投资和产业结构的共同的理论根源。②无论是对外直接投资还是外商直接投资，均是通过作用于一国的资本深化、技术创新、劳动生产率提升、相对价格变化四个方面来影响东道国产业结构变动的。③中国对外直接投资显著促进了东道国的产业结构升级。④中国对外直接投资显著促进了东道国的技术创新。

作　者

2021 年 5 月

目　录

第一章　导　言

第一节　研究背景及意义

一、研究背景

“走出去”战略的提出是中国积极参与国际分工、改变当今由欧美等发达国家和地区引领的世界政治格局的重要战略举措，并且是一个“共赢”的经济模式。然而，不乏“中国威胁论”的声音出现，导致“走出去”战略在实施过程中时常存在“内热外冷”的局面。例如，美的集团收购德国以“机器人制造”领先全球的库卡集团遭遇德国政商界及民众的层层阻碍等系列事件。与此同时，随着逆全球化和贸易保护主义愈演愈烈，外商直接投资（FDI）成为弥补东道国储蓄、促进技术提升从而实现跨越式发展的重要途径。据《2020 年度中国对外直接投资统计公报》显示，中国对外直接投资（OFDI）增势明显，2002—2018 年，中国对外直接投资流量年均增长速度高达 28.2%，对外直接投资流量占全球比重连续三年超过 10%。因此，立足东道国视角，探究中国对外直接投资对当地产业结构、经济发展的贡献，是对中国“走出去”质疑论的有效反击。基于此，本书试图构建开放经济国家产业结构升级的数理模型，以及采用国家面板数据进行实证分析，探究中国对外直接投资引起的东道国产业结构升级效应及其理论机制。

与此同时，在中国施行“走出去”战略的国家中，“一带一路”沿线国家占据较大规模，据《2018 年度中国对外直接投资统计公报》显示，中国对“一带一路”沿线国家的对外直接投资增势明显，2013—2018 年中国对“一带一路”沿线国家对外直接投资超过 900 亿美元，年均增长 5.2%①。从客观实际来看，“一带一路”沿线国家农业劳动生产率明显偏低、工业基础仍显薄弱、内部结构不平衡、现代服务业发展相对滞后，难以单凭一国实力实现产业结构升级等诸多问题（黄亮雄等，2015）。从资源禀赋来看，“一带一路”沿线国家各处于不同发展阶段、具有不同禀赋优势，区域内资源互补性强，在农业、纺织、化工、能源、交通、通信、金融和科技等诸多领域存在巨大的合作空间（孙志远，2015）。提升国际竞争力的措施和路径，寻找更广阔的合作空间，是产业结构升级的重要途径。正是在中国谋求全方位开放格局、全球贸易量持续下滑的背景下，探究中国对外直接投资对东道国产业结构升级驱动问题，凸显在共建全球价值链中中国对外直接投资的贡献。

二、研究意义

本书从理论上将对外直接投资与产业结构升级之间的关系进行了全面系统的剖析，进而利用中国与东道国国家面板数据将对外直接投资同产业结构升级之间的关系进行了多维度的实证检验。因此本书不但具有一定的创新性，还兼具一定的学术价值和应用价值。

理论意义方面：①从东道国视角出发探究中国对外直接投资的产业结构升级效应，拓展了对外直接投资与产业结构升级的理论分析框架。以往关注国家对外直接投资与产业结构升级的研究多立足于发达国家的视角

① 数据来源：中华人民共和国商务部网站。

（Mathews，2006；Deschryvere 等，2013；蒋冠宏等，2014），从维护国家自身利益角度出发，提出向海外进行对外直接投资可以促进母国产业发展。但是，随着全球化发展，发展中国家也加入了对外直接投资的大军，因此本书的分析立足东道国视角，试图构建自洽的统一框架，探究发展中国家的对外直接投资与东道国的产业结构升级的机制。②理论分析上更深刻地揭示了发展中国家对外直接投资对东道国产业结构升级的影响。本书在 Grossman 和 Rossi - Hansberg（2008）以及郑若谷（2011）构建的模型的基础上，从一个新的角度证明对外直接投资是如何影响东道国的产业内结构升级和母国的产业间结构升级的，有助于我们深化对外直接投资对东道国产业结构升级的认识。

实践意义方面：①具有坚实的现实基础，能形成一定的投资政策引导。在全球贸易战日趋激烈的背景下，发展中国家尤其是“一带一路”沿线国家的市场规模和发展潜力独一无二，中国与其合作的空间巨大，而各国也在为各自的繁荣发展寻找措施与方法。本书从东道国视角，探究中国对发展中东道国的产业结构升级的效应，为中国国际化进程的提速提供了现实抓手。这对未来中国制定全球发展战略具有较强的指导意义。②随着“走出去”战略的持续推进，导致“走出去”战略在实施过程中时常存在“内热外冷”的局面，探究中国对外直接投资对东道国尤其是对“一带一路”沿线国家产业结构升级、技术创新的贡献，是对中国“和平崛起”质疑论的有效反击。

第二节 相关概念阐述

一、对外直接投资

对外直接投资作为现代资本国际化的主要形式之一，其对经济全球化具有重要意义。国际货币基金组织（IMF）的对外直接投资定义是：在投资人以外的国家或地区所经营的企业取得持续利益的一种投资，进行对外直接投资的最终目的在于获取该企业在经营管理过程中所拥有的发言权。世界贸易组织认为是否获得被投资企业的控制权是对外直接投资和对外间接投资的根本区别，因为对外直接投资所形成的无形资产处于核心地位，其可以直接参与被投资企业的经营管理，而且其直接目的就是获得被投资企业的控制权。

对外直接投资（OFDI）和外商直接投资（FDI）是同一事物的两个方面，对外直接投资是从母国角度定义的，外商直接投资则是从东道国角度定义的概念。一国企业对国外企业进行直接投资，对母国来说这是对外直接投资，但对东道国来讲，这就是外商直接投资。本文主要研究中国对外直接投资对东道国的产业结构升级的影响，强调的是中国对东道国的直接投资。我国商务部、国家统计局、国家外汇管理局于2016年更新的《对外直接投资统计制度》明确定义“对外直接投资是指我国境内投资者以现金、实物、无形资产等方式在国外及港澳台地区设立、参股、兼并、收购国（境）外企业，拥有该企业10%或以上的股权，并以拥有或控制企业的经营管理权为核心的经济活动”。

二、产业结构升级

在学术界，产业结构升级并没有一个统一的定义。从产业间结构转变的宏观概念来看，周振华（1992）较早从产业结构合理化和产业结构高度化两个方面来论述产业结构升级。郭克莎（1996）从产值结构的高级化、资产结构的高级化、技术结构的高级化、劳动结构的高级化四个层面来讨论产业结构升级的表现方式。杜传忠和李建标（2001）认为产业结构升级即是技术层次低的产业结构形态逐步上升为技术层次高的产业结构形态的过程，并伴随着生产率低的产业占主导地位转变为生产率高的产业占主导地位的过程。王岳平（2004）则认为产业结构升级是产业结构从较低级的形态逐步发展为较高级的形态的一个动态过程，具体表现为技术水平及生产率的提高，他认为产业结构升级不仅包含了郭克莎（1996）所概述的四个层面，也同时包括产业组织结构演化和分工深化两个方面。刘志彪（2000）认为，某一产业从低技术、低价值产品生产状态向高技术、高价值产品生产状态的演进趋势就是实现产业结构升级的过程。Poon（2004）认为，产业结构升级的实质就是制造企业从原本以生产劳动密集型、低附加值产品为主的生产向以生产资本技术密集型、高附加值产品为主的生产进行转变的一个升级过程。

从上述定义可以看出，产业结构升级是指产业由低技术和低附加值状态向高技术和高附加值状态过渡的一个演进过程。高秀艳（2004）和赵惟（2005）将产业结构升级定义为产业从低层次向高层次演进的过程，这其中不仅包含产业内产出的增长，而且包含产业间结构的高度化。基于本书研究的是国家层面的产业结构升级，主要的研究对象为产业间的结构升级。强调的是产业间结构转变的一种宏观概念，强调产业间结构中各产业的地位、关系向更高级、更协调的方向转变的一个过程。

第三节　本书研究的内容、方法及创新点

一、研究内容

本书的研究，首先提出研究问题，然后根据文献来进行理论准备，接下来对问题进行初步描述分析，并在此基础上将问题进一步深化，进行理论分析和实证检验。在该过程中，分别对机制问题进行理论讨论，并对产生的效果和机理作用进行实证检验。据此本书的体系结构分为以下七个

部分：

第一章：导言。首先笔者就本话题的相关研究背景、意义以及研究视角进行了简要阐述，并对对外直接投资和产业结构升级的基本概念进行了相关界定。最后介绍了本课题的基本研究内容与方法，以及可能的创新。

第二章：研究综述和理论基础。第一节首先从外商直接投资与东道国视角总结现有文献，然后从对外直接投资与母国视角分析投资对母国的经济效应。第二节通过理顺分工与产业结构的关系、国际分工深化与对外直接投资的关系来探索产业结构与对外直接投资之间的理论根源。

第三章：中国对外直接投资与东道国产业结构概况分析。第一节分析了中国对外直接投资的主体结构、中国对外直接投资的行业特征、中国对外直接投资流向的区域分布。第二节对东道国产业结构概况展开分析。

第四章：对外直接投资促进产业结构调整的理论机制。本章尝试利用数理模型阐明对外直接投资对产业结构调整的影响以及作用机制。虽然对外直接投资与产业结构具有分工这一共同的理论基础，但究竟对外直接投资是如何导致了产业结构变化？本文借鉴 Grossman 和 Rossi - Hansberg（2008）的理论框架，并结合郑若谷（2011）的研究框架，区分“顺梯度”和“逆梯度”对外直接投资，从理论上探讨了这两类对外直接投资如何导致了产业结构发生改变的内在机制，第一节为对外直接投资对东道国产业内结构升级的影响，探讨其对东道国要素结构、收入水平、生产技术和贸易结构的影响。第二节为对外直接投资对母国产业间结构升级的影响，探讨其通过技术溢出效应、生产率效应、要素供给效应和价格效应影响产业间结构升级。

第五章：中国对外直接投资推动东道国产业结构升级。本部分采用2003—2016 年中国及 43 个东道国国家的面板数据，构建模型，验证中国的对外直接投资对东道国产业结构升级的影响、作用机制以及异质性影响。

第六章：中国对外直接投资推动东道国技术创新。本部分采用 2003—2016 年中国及 43 个东道国的面板数据，构建模型，验证中国对外直接投资对东道国的技术创新产生的影响，其中包括其影响东道国技术创新的机制有哪些？中国对外直接投资对东道国技术创新影响如何？考虑到“一带一路”沿线国家历史积淀、地理位置及其与中国的文化差异等，来自中国的直接投资对其技术创新的作用是否一致等问题。

第七章：结论和政策建议。探讨中国对外直接投资的政策建议。首先，制定中国与东道国产业结构升级的合作框架，拓展国际经济合作新空间；其次，制定差异化的对外直接投资政策。

二、研究方法

1. 归纳演绎法

本书通过归纳已有的关于产业结构升级和对外直接投资的相关研究成果，同时针对已有的研究文献进行推理性质的分析，找到关于对外直接投资与产业结构升级的共同理论基础——分工。

2. 理论模型分析法

本书主要以经典文献为基础，结合本书的分析目的，转换研究角度对现有模型的假设和变量进行改造和拓展。运用数理模型来揭示对外直接投资促进产业结构升级的本质，从而阐述中国对外直接投资对东道国产业结构升级的作用机制。

3. 计量分析法

本书采用面板数据计量方法，验证中国对外直接投资对东道国的产业结构升级、技术创新的影响、作用机制以及异质性影响。

三、创新点

1. 研究视角上的创新

本书强调东道国视角，探讨中国对外直接投资对东道国产业结构升级的作用。现有研究多侧重于从中国的角度分析和探讨，忽视中国对外直接投资对东道国的影响。本书强调与验证中国的对外直接投资的积极作用，以此为相关国家联动发展提供现实支撑，进一步为政府寻求新的“走出去”路径提供更有利的支持。

2. 研究内容上的创新

首先，本书全面分析东道国的产业结构状况，现有研究文献虽零星提及了中国与西亚国家在产业结构方面的竞争性和互补性等问题，但尚不系统，缺乏实证支撑，且并未涉及东道国的政策背景，全面性与科学性有待提高。其次，在全球经济治理格局转型背景下，本书尝试探索中国对外直接投资对发展中东道国产业结构升级的影响，并尝试勾勒出新的基于“南南合作”的全球价值链治理模式。而部分现有研究在探讨中国对外直接投资与发展中东道国产业结构升级的问题上，缺乏从全球视野分析双边或多边经济发展的联动作用。

3. 研究方法应用上的创新

采用较前沿的理论建模和实证技术，回答研究提出的科学问题。在理论分析上，采用数理模型探究对外直接投资与产业结构升级的关系，从而阐述中国对外直接投资对东道国产业结构升级的作用机制。在实证研究上，采用面板数据计量方法，验证中国对外直接投资对东道国产业结构升级的影响。

第二章 研究综述和理论基础

第一节 对外直接投资与产业结构升级的研究综述

关于对外直接投资与产业结构升级的研究多从单一视角展开。一类文献关注外商直接投资对东道国产业结构升级的影响。这类研究多从发展经济学宏观视角和企业关联的微观视角分析外商直接投资对东道国的技术进步和产业结构升级的促进作用。在理论研究方面，宏观上，外商直接投资主要通过影响东道国的市场结构（Dimelis，2005）、出口结构（宋京，2005；Kneller 和 Pisu，2007）、供需结构（Hirschman 的“技术缺口理论”），从而促进东道国产业结构升级。微观上，跨国企业通过技术外溢效应（Aitken 和 Harrison，1999）、竞争效应（Maurice，2006）和关联效应（Li 等，2011；Marcela 等，2015）影响东道国产业结构升级。在实证检验方面，Barry（1999）通过对流入爱尔兰、西班牙、英国、葡萄牙四国的外商直接投资（FDI）与产业结构对比分析指出，外商直接投资对这些国家的产业结构升级具有促进作用，且在这些国家的经济趋同过程中扮演重要的角色。文东伟等（2009）通过考察外商直接投资在各个劳动密集型产业和资本密集型产业的分布情况，验证了外商直接投资对产业结构升级的推动作用。聂爱云和陆长平（2012）从制度约束的视角分析外商直接投资影响产业结构升级的机制，发现外商直接投资增加有助于提升第三产业在经济中的比重，降低第二产业在经济中的比重，总体上有利于产业结构升级。Zhang 等（2014）通过利用中国 31 个省 21 个制造业行业面板数据检验外商直接投资对不同技术等级行业竞争力的影响，发现外商直接投资有利于提升中国的产业竞争力进而推动产业结构升级。

另一类文献则关注对外直接投资对母国产业结构升级的影响。理论上，该类研究多认为对外直接投资通过对母国的反馈效应能够促进母国的技术进步和产业结构升级。文献最早可追溯到钱纳里等（1966）的“两缺口模型”、Lewis（1978）的“劳动密集型产业转移理论”、Kojima（1978）的“边际产业扩张论”等。随着发展中国家企业也开始积极参与跨国投资活动，传统理论的解释力就显得有限了。后期比较典型的补充分析有 Ozawa（1992）提出的“一体化国际投资发展理论”，从动态化的角度研究发展中国家的对外直接投资（OFDI）行为，认为国家之间的发展阶段差异性和比较优势互补性促使发展中国家逐步从劳动导向型的对外直接投资向技术导向型的对外直接投资过渡，并提升其产业结构水平。Mathews（2006）认为对外直接投资通过边际产业扩张、杠杆效应以及“干中学”获得新的竞争优势进而促进母国产业结构升级。Kokko（2006）指出跨国投资企业能够对母国的出口、产品结构、国际收支、技术水平产生逆向作用，进而影响母国产业结构，但是效应的大小取决于企业对外直接投资的特征以及母国和东道国共同的商业环境。实证上，Vahter 和 Masso（2006）、Hayakawa 等（2013）分别通过检验爱沙尼亚、日本等国家通过对外直接投资对本地新兴产业转型发展的影响，得出 OFDI 能显著推进母国产业结构升级的结论。Stefano 等（2009）通过利用印度的数据发现对外直接投资对母国低技术劳动具有显著抑制效应，但对母国高技术劳动具有显著促进作用，进而促进母国高技术高附加值产业的发展。Deschryvere 和 Jyrki（2013）利用芬兰的数据证实母国企业通过绿地投资能够影响母国的研发资本、研发劳动在产业中的再分配，进而促进母国产业变动。国内相关研究兴起于中国加入世界贸易组织之后，这与中国的发展阶段和开放水平有关。学者多从三个角度进行探讨：从影响主体看，对外直接投资通过企业内部架构、产业组织结构、产业间结构来影响产业结构升级（江小涓和杜玲，2002）；从影响方式看，对外直接投资通过获取国外资源、转移传统“边际”产业的方式促进投资国产业结构优化和新兴产业发展（汪琦，2004；宋维佳，2012）；从影响渠道看，对外直接投资通过影响贸易结构（Chen 等，2012；毛其淋和许家云，2014）、就业水平（毛其淋和许家云，2014）及技术进步（李梅，2012；蒋冠宏和蒋殿春，2014）进而影响母国产业结构升级。

上述文献为本书的研究提供了有价值的参考。遗憾的是，大部分文献的研究多聚焦于发达国家对发展中国家的直接投资，忽视了南南合作，尤其是针对中国对发展中国家的直接投资。作为世界第一大对外直接投资的发展中国家，中国对外直接投资是否能带动发展中东道国的产业结构升级？这关乎中国所承担的大国责任，同样也是对“中国威胁论”的积极回应。然而，目前有关研究大多立足于中国视角，从宏观战略层面探究中国对外直接投资与东道国产业结构升级。韩永辉等（2014）从资源禀赋角度分析中国与西亚国家的产业结构的竞争性和互补性，得出中国对外直接投资有利于促进双边产业结构互动升级的结论。张理娟等（2016）则通过产业转移的国别分析得出中国对发展中东道国的产业转移应积极寻求效率和创新驱动的最佳路径，促进国内产业结构升级。也有学者从文化融合（谷媛媛，2016）、市场规模（林良沛等，2017）、政府合作（郭烨等，2016）角度分析影响中国对外直接投资进入发展中国家的因素。本书则立足于东道国视角，利用 2003—2016 年中国对外直接投资的流量与存量数据，以及东道国经济指标的面板数据，研究中国对外直接投资对东道国产业结构升级的影响。进一步考虑东道国经济发展水平、与中国地理距离和人文渊源的差异性，对东道国进行分样本分析，考察中国对外直接投资对东道国产业结构升级的异质性影响。

第二节　对外直接投资与产业结构的理论基础：分工

对外直接投资和产业结构分别属于两个不同的经济学研究范畴，因此在研究内容和研究方法上，二者有较大的区别。本书的一个根本目的就在于建立二者之间的理论和实际联系，那么二者是否具有共同的经济学理论基础呢？一方面，亚当·斯密在其名著《国富论》中对分工进行了大篇幅的描述，并指出产业结构形成的本质在于分工，正是由于分工的不断演进导致了产业结构的变迁；另一方面，对外直接投资快速发展的一个直接原因就是国际分工的不断深化。因此，分工无疑成为对外直接投资和产业结构共同的理论基础，成为搭建二者关系的桥梁。

一、分工与产业结构

关于分工产生了产业结构这一思想最早可以追溯到古希腊和古罗马时代，柏拉图、亚里士多德和色诺芬都阐述过这一看法。他们认为人与人之间的差异是与生俱来的，简单而言就是天生的禀赋差异，从而有些人就适合于从事某一类自己擅长的工作，有些人适合做另一类自己擅长的工作，因此分工成了经济关系的基础，形成人与人之间的不平等。

亚当·斯密（1776）第一个将产业结构的分工决定论系统化。他认为社会各类行业的成立以及划分都是由于劳动分工而导致的，因此行业的区分成了产业结构的最初形态。马克思对于分工与产业结构的逻辑思路更为清晰，他指出，“一定的产业总是坐落在一定的区域空间上，一定的劳动空间必然有一定的产业与之相对应”。社会分工是不同产业部门的形成基础，部门之间的独立是交换的前提，交换导致了部门之间的经济技术联系，而正是这种联系导致了产业结构的形成。马歇尔（1890）在其著作

《经济学原理》中第一次利用亚当·斯密的分工理论提出了“产业集群”的概念，同时也提出了外部经济①的概念，他认为竞争均衡将被内部经济的差异所破坏，因此外部经济的自然增长将成为报酬递增的唯一源泉，即工业生产总量的扩大将会扩充产业规模，产业的发展将使得厂商可以得到规模扩展。同样在亚当·斯密的分工理论的基础上，1928年，阿林·杨格提出了迂回生产的概念，他认为生产迂回程度的发展和新行业的出现成了分工理论中最重要的分工形式。他认为分工可以分解为个人的专业化水平、间接生产链条的长度以及此链条上每个环节中产品种类数，并由此提出了著名的杨格定理，即认为劳动分工通过“迂回生产方法”实现规模经济，反过来，规模收益递增会进一步降低单位生产成本，从而使得给定的家庭收入的购买力上升，又进一步扩大了市场规模，市场规模的扩大又会反过来导致分工的进一步深化，从而形成良性的互动过程。这样我们可以把分工看成一个良性的、累积的扩张循环过程。由此来看，企业规模的扩张成了促使和本产业相关的其他中间投入品产业的独立化和专业化程度的因素，进而有利于促进社会分工的发展。因此，由劳动分工所致的迂回和中间投入品的扩张也就成为各产业间结构变化的基础，分工与产业结构的形成如图2-1所示。

在杨小凯等经济学家的分析中，他们以分工演进为基础，从产业的角度对生产系统进行分析，进而解释产业结构的形成。用图2-1来说明杨小凯等人的分析框架。在图2-1中，假定经济系统中有4个消费者，同时他们也扮演着生产者的角色，每个人需要消费4种产品，同时可以选择生产1种、2种、3种或4种产品。杨小凯等经济学家根据劳动分工的不同程度，将生产系统分为三种不同的演进进程图，这里我们分别用图2-1a、图2-1b和图2-1c来表示。图2-1a中每个人的生产能力都很低，都处于自给自足水平，由于4个人的生产消费结构相同，所以经济结构的多样

① 外部经济是指企业生产规模扩大对该产业的所有企业产生有利影响，外部经济相当于正的外部性或正的溢出效应。

化程度也很低。站在这个自给自足的系统内部看，4 个人呈现的都是彼此分工协作，虽然是基于纯粹生理差别的分工。但是随着分工的深化，每个系统在生产 4 种产品中出现了不同的优势，人们开始产生了交换，这样就形成了图 2 – 1b 这种局部分工的状态，可以看到在这种状态中，经济系统开始分为了两个贸易结构不同的部门，这两个部门之间并无联系，但在这两个部门之间出现相互交换，用以满足对方需要。与自给自足时相比，生产产品 1 或 2 的人数在状态 *A* 时由四个减少为两个，进而提高了生产集中度和结构多样化程度。随着分工的进一步深化，每个人只生产一种产品，其他产品都通过交换来获得，进而形成一个完全分工的经济系统。在这个系统中的个人专业化程度、交易依存度、生产集中度都比前一个局部分工得到提升，进而形成了一个更多样化的经济结构。产业结构的形成与分工的深入、专业化程度的提升、经济结构多样化的提升是密不可分的。

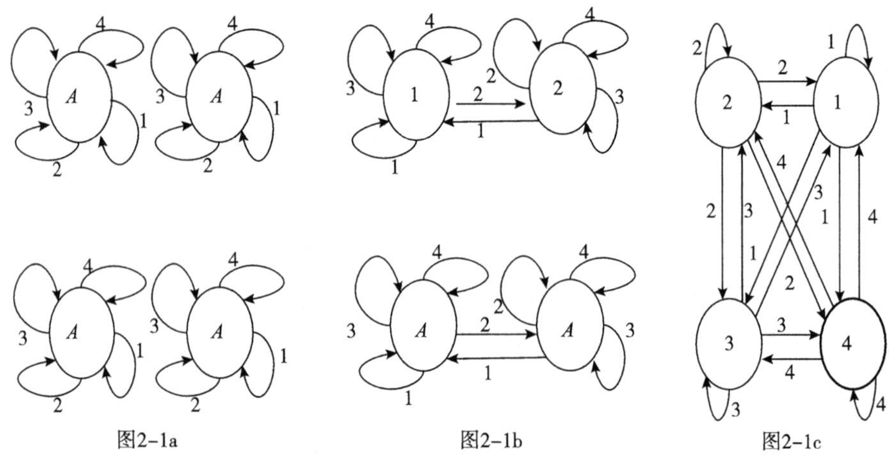

图 2 – 1　分工与产业结构的形成

资料来源：杨小凯，张永生. 新兴古典经济学与超边际分析 [M]. 北京：社会科学文献出版社，2003.

二、国际分工深化与对外直接投资

当社会分工发展到一定程度，一国内部的经济分工超越了国家界限开始向国际发展的时候，分工开始衍生为国际分工。国际分工也就成为各国生产者通过世界市场形成的劳动关系，从而成为国际贸易和国际投资的基础。资本输出是早期的国际投资最主要的形态，可以追溯到19世纪70年代，英国最早开始进行资本输出。随后为了谋求高额的利润，占领海外市场，后起的各发达国家相继开始向落后国家输出资本，直到19世纪80年代，跨国公司的出现标志着资本在国际范围内运动的最高形式开始出现了，即对外直接投资。基于此，我们对应不同的分工体系，将这一过程分为四个发展阶段。

第一阶段开始于19世纪70年代，并延续到20世纪初，这一阶段第二次工业革命在资本主义国家中爆发，并伴随着发电机、电动机、内燃机的出现以及广泛应用。工业革命的爆发进一步促进了分工的发展，世界也由此形成了多个中心、多重形式的国际分工体系，在这种多元化的国际分工体系下，资本主义国家实现了工业的大规模生产，同时伴随有规模迅速扩大的态势。尤其是机器和蒸汽的广泛应用、规模生产的不断扩大、分工的深化，都使得工业的生产开始脱离本国的市场，开始依赖于世界市场。以英国、法国为首的资本主义国家开始向落后的殖民地、殖民地国家倾销大量廉价优质的工业品并积累了大量财富，同时伴随着资本向资源丰富的国家和殖民地流入。根据相关数据统计，截至1913年，英国对外直接投资总额已经达到40亿英镑，这占了当时世界上对外直接投资总额的一半之多，同时这个数量也相当于英国国民财富总额的1/4①。这一阶段的对外投资主要来源于私人资本，而且主要形式以间接投资为主，对外投资的国家多集中在英国、法国、德国等国家，并且投资的年限较长，有的长达99年。

第二阶段则集中于第一次、第二次世界大战之间（1914—1945年），之所以将这一阶段单独划分开，是因为两次世界大战期间的大萧条使得全

① 孔淑红，曾铮．国际投资学［M］．2版．北京：对外经济贸易大学出版社，2005.

球经济发展放缓。这一阶段中以煤和蒸汽机为主的传统产业开始呈现出一种结构性的衰退趋势，以新技术和新燃料为基础的新型产业开始逐步取代传统产业。虽然国际分工的发展态势在这一阶段受到了战争的影响，其发展速度开始趋于缓慢，但是没有停止，分工开始从以原先的技术、工艺为基础的分工发展成为以新技术、新工艺为基础的分工。在这一阶段，美国成了第一次、第二次世界大战的最后赢家，这期间美国的工业得到了快速发展。同时美国的对外投资迅速增加了40亿美元，其向同盟国提供的借款总额高达160亿美元。美国成功取代英国的地位成为世界上最大的对外投资国。政府对外投资规模也开始发展起来，虽然私人对外投资仍占主导地位，但在这一阶段对外直接投资的规模开始迅速扩大。

第二次世界大战之后一直持续到20世纪80年代，这一阶段世界经济得到了恢复和发展，第三次工业革命（科技革命）爆发，因此我们将这一阶段归为第三阶段。这一阶段科技进步促进生产力的发展突飞猛进，从而导致国际分工深化对对外直接投资的促进作用功不可没。20世纪50年代开始的以电子计算机技术为代表的科技革命，涉及的领域十分广泛。这些新的科研成果迅速而广泛地应用于生产领域，出现一系列新兴工业部门，使得各发达国家的国民经济部门结构发生了巨大变化，大大促进了生产力的提高。而社会生产力的快速发展，又进一步促使国际分工深化，分工开始从原先在产业间的分工逐步发展为在产业内的分工及以产品专业化为基础的分工；从原先沿着产品界限进行的分工发展为沿着生产要素界限进行的分工；从垂直分工向水平分工发展。这种分工的深化程度使得任何一国垄断所有生产过程中的先进技术和工艺成为不可能，因此为了进一步发展，企业开始寻求从其他国家或地区获取低成本的原料、中间投入品和高水平的工艺技术等。随着全球化的进一步发展，跨国公司通过国际贸易、国际外包的方式已经不能满足于自身发展的需要，因此其通过更直接的对外直接投资的方式开始在海外设立工厂、子公司，进而充分利用东道国的要素市场、产品市场，实现利润最大化。

20世纪80年代以来，国际分工体系又发生了重大变化，由此可以归入第四阶段。这一阶段世界政治经济形势发生了巨变。首先，布雷顿森林体系崩溃、两次石油危机使得西方国家的黄金时代终结；其次，苏联解体，冷战结束，东亚经济相继崛起；最后，计算机和互联网技术催生了网络新经济，经济全球化迅速推进，人们的生产和生活方式受到了巨大冲击。全球化的生产链发展越来越快，产品内分工日益凸显，跨国公司开始大量使用对外直接投资的形式组织生产活动。分工开始从生产领域逐步转向服务领域，通信、互联网以及金融业的快速发展，使各国的经济联系更加紧密，大型的跨国公司与跨国银行往往在世界各地都有几十家、甚至数百家分支机构，对外直接投资得以迅速发展。同时发展中国家也开始加入对外直接投资的行列，出于接近原材料市场、接近先进技术、拓展全球市场的需求，发展中国家对外直接投资发展迅速。

三、分工、对外直接投资和产业结构

通过前面的分析，我们可以看到分工与产业结构之间具有较强的逻辑联系，分工的一步步演进使得产业结构得到不断的发展和延伸。而当分工开始突破国家的界限，发展到国际分工的时候，国际贸易开始出现了，并伴随有对外投资，随着分工的进一步演进，跨国公司通过国际贸易的方式已经不能满足自己的发展优势时，开始通过对外直接投资的方式在海外建立子公司，利用东道国的生产要素降低产品成本，实现利润最大化目标。在当前的对外投资中，对外直接投资已经成为其最主要的表现形式，可以认为是国际分工推进了对外直接投资的发展。由此可见分工成为联系产业结构和对外直接投资的一个理论基础，产业结构的形成和对外直接投资的出现都是分工发展到一定阶段的必然结果，这也正是后文将要展开分析的重要理论源泉。

第三章　中国对外直接投资与东道国产业结构概况分析

第一节　中国对外直接投资的发展历程及现状分析

1979 年，“要出国办企业”经济改革政策的确立开启了我国企业进行对外直接投资的新道路。同年，北京市友谊商业服务公司与日本东京丸一商事株式会社共同出资的“京和股份有限公司”正式成立，成为中国企业真正开始对外直接投资的开端。但在随后较长的一段时间里，由于经济发展水平相对较低、外汇储备不足等原因，我国对外直接投资的金额相当少。直到我国正式加入世界贸易组织后，中国经济飞速发展，对外直接投资的增速也开始加快，中国逐步成为对外直接投资大国。根据《2012 年度中国对外直接投资统计公报》显示，中国对外直接投资净流量达到 878 亿美元，同比增长 17.6%。截至 2012 年年底，中国总计有 1.6 万家境内投资者进行对外直接投资，投资遍布全球 179 个国家（地区），累计对外直接投资额达到 5319.4 亿美元。并随着中国经济地位的持续提升以及国内面临的产能过剩的局面，这一趋势仍将持续。本章则在此基础上分析了中国对外直接投资的发展历程及现状，主要包括对外直接投资的主体结构、对外直接投资的行业特征、对外直接投资流向的区域分布，进而为后文的理论和实证分析提供一个现实基础。

一、中国对外直接投资的主体结构

我国现阶段对外直接投资的主体结构呈现出由有限责任公司、国有企业、股份合作企业、私营企业、外商投资企业和集体企业共同开拓国际市场的局面。笔者根据境内投资者在中国工商行政管理部门登记注册情况，对2003—2012年中国对外直接投资者的构成进行统计，详见表3－1。从统计数据来看，有限责任公司是中国进行对外直接投资最活跃的群体，2003—2012年，有限责任公司作为对外直接投资者的数量占境内对外直接投资者总数量的比重不断上升，到2012年占比达到62.5%。国有企业则紧随其后，位于第二，从统计数据来看，国有企业作为对外直接投资者的数量占境内对外直接投资者总数量的比重呈现不断下降的趋势，2003年国有企业占比高达43%，这一数据到2007年已不足20%，到2012年，仅有9.1%。这种情况一方面是由于国有企业的改革促使其将更多的精力放在了改革层面上，另一方面也说明有限责任公司成为我国对外直接投资的主要力量。股份有限公司、私营企业、集体企业、外商投资企业所占比重均呈现下降的态势，但下降的幅度都非常小。相较而言，股份合作企业和港澳台投资企业所占比重则较为稳定。

表3－1　2003—2012年中国对外直接投资者按登记注册类型构成占比

单位:%

年份 登记注册类型	2003	2004	2005	2006	2007	2008	2009	2010	2011	2012
国有企业	43	35	29	26	19.7	16.1	13.4	10.2	11.1	9.1
有限责任公司	22	30	32	33	43.3	50.2	57.7	57.1	60.4	62.5
股份有限公司	11	10	12	11	10.2	8.8	7.2	7	7.7	7.4
股份合作企业	4	3	4	9	7.8	6.5	4.9	4.6	4	3.4
私营企业	10	12	13	12	11	9.4	7.5	8.2	8.3	8.3
集体企业	2	2	2	2	1.8	1.5	1.2	1.1	1	0.8

续表

登记注册类型＼年份	2003	2004	2005	2006	2007	2008	2009	2010	2011	2012
外商投资企业	5	5	5	4	3.7	3.5	3.1	3.2	3.6	3.4
港澳台投资企业	2	2	2	2	1.8	1.8	1.8	2	2.4	2.2
其他	2	1	1	1	0.7	2.2	3.2	6.6	0.7	1.3

数据来源：根据2003—2012年度《中国对外直接投资统计公报》的相关数据整理及计算得到。

二、中国对外直接投资的行业特征

前文我们已经通过数据表明了中国对外直接投资正呈现快速增长的趋势，那么在各个行业中，对外直接投资的增长是否呈现出某种特征呢？这涉及OFDI的产业结构问题。笔者将2004—2012年分行业对外直接投资统计值汇集在表3－2中①，从表3－2可以看出各行业的对外直接投资发展趋势呈现较大的差异。就对外直接投资均值来说，最高的行业为租赁和商务服务业，其在2004—2012年对外直接投资的均值占年均对外直接投资总值的33.45%，而最低的行业为教育，其在2004—2012年对外直接投资的均值占年均对外直接投资总值的0.43%。其中，采矿业，电力、热力、燃气及水的生产和供应业，批发和零售业，金融业在2004—2012年对外直接投资的均值都超过了年均对外直接投资总值的10%。同时，可以看到建筑业，信息传输、软件和信息技术服务业，住宿和餐饮业，教育，水利、环境和公共设施管理业的对外直接投资标准差/均值均大于1，说明这几个行业的对外直接投资波动比较明显，其余行业的对外直接投资较为稳定。

2004—2012年中国各产业对外直接投资（OFDI）的变化趋势如图3－1所示。

① 其中公共管理与社会组织行业对外直接投资数据太少予以剔除。

表 3-2　　2004—2012 年分行业对外直接投资统计值　　单位：万美元

行业	均值	标准差	标准差/均值	行业	均值	标准差	标准差/均值
农、林、牧、渔业	46205.5	40623.4	0.88	住宿和餐饮业	6642.22	7217.2	1.086
采矿业	766099.1	476083.9	0.621	金融业	671377.5	373711.8	0.556
制造业	338320.2	263940.2	0.780	房地产业	92213.3	73797.1	0.801
建筑业	90083.1	102101.6	1.133	教育	2001.4	3437.2	1.717
交通运输、仓储和邮政业	253089.8	151317.4	0.597	水利、环境和公共设施管理业	5765.7	8277.4	1.435
信息传输、软件和信息技术服务业	78135.6	108148.7	1.384	科学研究和技术服务业	54216.3	45900.1	0.846
批发和零售业	594769.1	386491.3	0.649	居民服务、修理和其他服务业	25686.8	24472.7	0.952
租赁和商务服务业	1562551.8	1083964	0.693	电力、热力、燃气及水的生产和供应业	77278.1	73700.1	0.953

数据来源：根据 2004—2012 年度《中国对外直接投资统计公报》的相关数据整理及计算得到。

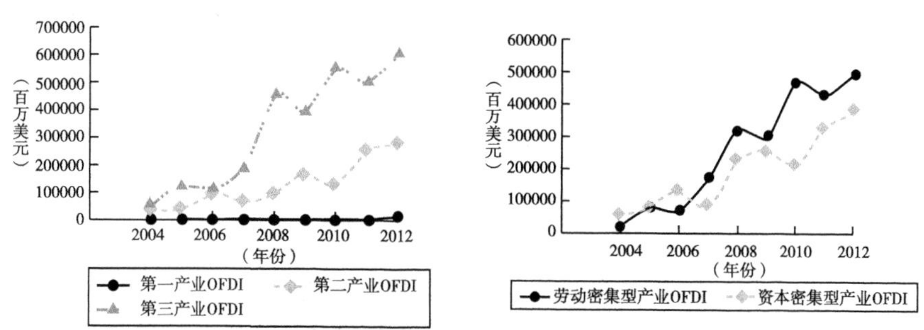

图 3-1　2004—2012 年中国各产业对外直接投资（OFDI）的变化趋势

数据来源：根据 2004—2012 年度《中国对外直接投资统计公报》的相关数据整理及计算得到。

三、中国对外直接投资流向的区域分布

对外直接投资的区位结构是我们在后文中进行实证检验中研究对外直接投资的产业结构效应的一个重要内容。通过对对外直接投资流向的区域分布进行研究，可以对我国对外直接投资区位结构的特征有一个大致的了解，进而从宏观层面了解顺梯度对外直接投资和逆梯度对外直接投资的概况①，把握我国对外直接投资的东道国市场的多元化状况。

自改革开放以来，中国对外直接投资流向的区域分布呈现一定的阶段性，我们借鉴 Dunning（1981，1986）提出的投资发展阶段理论（IDP，Investment Development Path）和白洁（2009）的结论，大致将中国对外直接投资流向的区域分布演变分为四个阶段：第一个阶段是 1979—1985 年，这个阶段中国的对外直接投资大多选择投资在接近原进出口市场集中的地区，其中以亚洲尤其是东南亚地区为主。第二个阶段是 1986—1992 年，这个阶段中国的对外直接投资呈现顺梯度与逆梯度对外直接投资并存的态势。截至 1991 年年底，我国在美国、日本、德国、澳大利亚、加拿大以及俄罗斯的境外企业达 410 家，占我国境外企业数量的 40.6%，对这些地区的对外直接投资金额达到 9.54 亿美元，占对外直接投资总金额的 68.3%；在新兴国家（或地区）的境外企业共计 256 家，新兴国家（或地区）包括中国香港、中国澳门、泰国、新加坡和马来西亚，对这些地区的对外直接投资金额达到 1.6 亿美元，约占对外直接投资总金额的 11.5%。② 第三个阶段是 1993—2002 年，这个阶段顺梯度对外直接投资发展速度明显加快，

---

① 顺剃度对外直接投资和逆梯度对外直接投资的准确比例并不能通过流向发达国家还是发展中国家判断出来，但我们通过对对外直接投资流向的区域分布进行研究可以对顺梯度对外直接投资和逆梯度对外直接投资的比例有一个大致的了解。

② 根据《中国对外经济贸易年鉴 1993》计算得到。

特别表现在，对非洲、拉丁美洲、亚洲地区的对外直接投资增加明显。中国对外直接投资的地区开始从第二阶段的中国香港和中国澳门以及北美等较发达地区逐渐向亚太、非洲、拉丁美洲等发展中地区转移，其中对非洲地区的投资加速尤为突出。第四个阶段是2003年至今，除去中国香港、英属维尔京群岛、开曼群岛三大免税区，① 中国对外直接投资流向的区域分布更加多元化，2003—2012年中国对外直接投资流量前七位国家（地区）所占份额如表3-3所示。

表3-3　2003—2012年中国对外直接投资流量前七位国家（地区）所占份额

单位:%

年份								
2003	中国香港	开曼群岛	英属群岛	韩国	丹麦	美国	泰国	总计
	40.35	28.32	7.37	5.4	2.59	2.28	2	88.31
2004	中国香港	开曼群岛	英属群岛	苏丹	澳大利亚	美国	俄罗斯	总计
	47.8	23.38	7.02	2.67	2.27	2.18	1.4	86.72
2005	开曼群岛	中国香港	英属群岛	韩国	美国	俄罗斯	澳大利亚	总计
	42.09	27.9	10.03	4.8	1.89	1.63	1.57	89.91
2006	开曼群岛	中国香港	英属群岛	俄罗斯	美国	新加坡	沙特阿拉伯	总计
	37	32.75	2.54	2.14	0.94	0.62	0.55	76.54
2007	中国香港	开曼群岛	英属群岛	加拿大	巴基斯坦	英国	澳大利亚	总计
	51.8	9.81	7.08	3.9	3.44	2.14	2.01	80.18
2008	中国香港	南非	英属群岛	澳大利亚	新加坡	开曼群岛	中国澳门	总计
	69.11	8.6	3.76	3.38	2.77	2.73	1.15	91.5
2009	中国香港	开曼群岛	澳大利亚	卢森堡	英属群岛	新加坡	美国	总计
	62.98	9.48	4.31	4.02	2.85	2.5	1.61	87.75

① 根据数据显示，2003—2012年我国对外直接投资主要集中在中国香港、开曼群岛、英属维尔京群岛三大地区，尤其是中国香港的份额最大，大多数年份中国香港所吸引的我国对外直接投资的份额在50%左右。

续表

2010	中国香港	英属群岛	开曼群岛	卢森堡	澳大利亚	瑞典	美国	总计
	55.96	8.89	5.08	4.66	2.47	1.99	1.9	80.95
2011	中国香港	英属群岛	开曼群岛	法国	新加坡	澳大利亚	美国	总计
	47.76	8.32	6.61	4.66	4.38	4.24	2.43	78.4
2012	中国香港	美国	哈萨克斯坦	英国	英属群岛	澳大利亚	委内瑞拉	总计
	58.4	4.6	3.4	3.2	2.6	2.5	1.8	76.5

注：英属群岛实为英属维尔京群岛。由于表中的尺寸有限，因此在表中进行了简写。

数据来源：根据2003—2012年度《中国对外直接投资统计公报》的相关数据整理得到。

第二节　东道国产业结构概况分析

一、西亚国家产业结构概况分析

西亚国家多处于沙漠之中，水资源匮乏，农业占比一向处于较低水平，但其更注重在有限的土地资源上寻求更大的农作物产量，因此西亚国家的农业基础设施较为先进，这其中以以色列农业最为发达，其农业生产科技含量高，滴灌设备和新品种开发举世闻名，由于特殊的地理环境及水资源的匮乏，西亚国家多推广灌溉技术，采用喷灌和滴灌，同时全面推进农、林、牧业发展，使得西亚国家的农业得以快速发展。但近年来水资源缺乏及人口增长率不断上升的现状，西亚各国粮食、食品以及蔬菜等难以自足，多依赖于进口。以沙特阿拉伯为例，其进口的农产品主要是谷物、乳蛋、蜂蜜及其他食用活动物、水果及坚果等。其中，谷物是沙特阿拉伯进口最多的农产品，其进口速度自2001年以来逐年递增。在西亚各国的农产品市场中，美国、巴西、印度和法国的出口产品占有的市场份额较高，他们是西亚国家的主要贸易伙伴。

西亚国家除以色列外，分为产油国和非产油国。产油国的工业多以石油生产为基础发展起来，如卡塔尔、科威特、沙特阿拉伯和阿联酋的工业主要为石油和天然气、相关工业及能源密集型工业，其中包括炼油厂、石化工厂、化肥厂、钢铁厂和水泥厂，同时还建立了一些造纸厂、洗涤剂厂、颜料厂、食品厂和塑料厂这些低端制造业等，工业结构单一。此外非产油国也门、阿富汗等国家的工业主要以纺织、化工、制铝、水泥、建材、卷烟、食品加工等低端制造业为主，鲜有高端制造产业，产业结构具有较大的升级空间。

西亚国家的服务业多以旅游业为主。西亚地处亚洲、欧洲和非洲三大洲的连接地区，是联系三大洲和印度洋、大西洋的海陆空交通要冲，作为古巴比伦文明的发祥地，犹太教、基督教和伊斯兰教三大宗教的诞生地以及东西方文明的交汇处，西亚在世界旅游史中占有重要地位。西亚古代旅游始于中世纪，在阿拉伯帝国时期，伊斯兰教的麦加圣地吸引着世界各地的穆斯林，是当时世界上规模最大、持续兴旺的宗教旅游目的地①。近几年来，西亚旅游业虽备受时局动荡、战事频发的打击和影响，但依然保持较强的发展潜力和良好的增长势头，成为当今世界旅游业发展增速最快的区域之一。这主要是由于西亚各国政府在西亚旅游业发展中的推动作用日益加强，先后出台了一系列刺激和鼓励旅游业发展的政策和措施。如拥有丰富旅游自然资源的黎巴嫩鼓励本国旅游业的投资，对本地不能生产的宾馆设施及旅游大巴的进口关税降至6%，并通过金融、土地使用等方面的支持，促进旅游业发展。2012 年，黎巴嫩旅游业总产值占国内 GDP 比重高达 25.1%，成为西亚国家中旅游业总产值占国内 GDP 比重最高的国家。约旦的医疗保健旅游，长期以来是国家外汇收入的重要来源。约旦近年投

① 克里斯·库珀. 旅游学：原理与实践［M］. 张俐俐，译. 北京：高等教育出版社，2007.

资旅游业数十亿美元，全国酒店共有约118万间客房，其中五星级酒店约有客房5000间，这在很大程度上支持了旅游业的发展。2009年，约旦共接待了来自阿拉伯及其他地区的旅游者共计21万人次，为约旦医疗保健旅游创造了1411亿美元的收入，仅次于黎巴嫩，成为西亚地区旅游业总产值占GDP比重第二高的国家，占比达22%。连经济发展较为落后的阿曼也在1991年，会同联合国开发计划署和世界旅游组织制定了本国的旅游发展综合规划，以特有的自然环境和文化景点为基础，对旅游业的发展进行宏观调控，大力促进当地旅游业发展。

其中阿联酋旅游业发展尤为突出。该国率先发展现代旅游业，不断加大对本国旅游业投入并取得较为明显的效果。2012年，阿联酋在旅游业投资225亿美元，占国内总投资的比例高达23.2%，是西亚地区对旅游业投资比例最高的国家。利用西亚地区丰富的旅游资源以及本国建设的超豪华星级酒店，近年来阿联酋开发了“国际驿站游”“文化游”“节庆游”“休闲度假游”“购物游”“体育赛事游”“公务游”“城市观光游”“事件游”“豪华游轮游”等多种模式的旅游产品，成为西亚首屈一指的旅游强国。

二、中亚国家产业结构概况分析

中亚国家狭义上指苏联解体后成立的五个国家，即哈萨克斯坦、吉尔吉斯斯坦、乌兹别克斯坦、塔吉克斯坦、土库曼斯坦。该地区矿藏丰富，尤其是铀和天然气的储量在世界上占相当高的比例且分布集中。该地区石油储量占世界总储量的2.1%，天然气储量占世界总储量的6.2%，重要的油气盆地包括滨里海盆地、滨咸海盆地和锡尔河盆地等七个油气盆地，哈萨克斯坦、土库曼斯坦和乌兹别克斯坦是区域性的油气生产大国，该地区油气行业的外国投资比重较小，有增加的趋势。黑色金属矿产以铁、锰、铬三种矿产为优势矿产，此外还有铜矿、钾盐等矿藏。但中亚地区深居欧亚大陆腹地，是典型的干旱气候，不适合农业的发展，只能依靠水利发展灌溉农业，又因为远离海洋而遏制了其贸易流通；荒漠、半荒漠和草原占据中亚地区的巨大面积，卡拉库姆沙漠和克孜尔库姆沙漠是中亚最大的两个沙漠，这里极度干旱，贫瘠且缺少植被。因此，中亚国家普遍第一产业发展较为落后，第二、三产业的发展主要依靠自然资源。

1. 哈萨克斯坦

哈萨克斯坦位于亚欧大陆腹地，国土横跨亚欧两个大洲，东西长约3000千米，南北宽约1700千米，面积272.49万平方千米，在中亚五国中排名第一位，是世界上面积最大的内陆国家。该国的产业发展如图3－2和图3－3所示，哈萨克斯坦1992—2014年第二、三产业占GDP的比重一直在稳步增长，占比从1992年开始就维持在70%以上，一直到2014年上升至95%左右，而工业（第二产业）占GDP的比重维持在20%～50%，在1992—1997年，明显地从近50%下降到不足30%，进入21世纪之后，哈萨克斯坦第二产业占GDP比重稳定维持在40%附近，基本没有太大起伏。

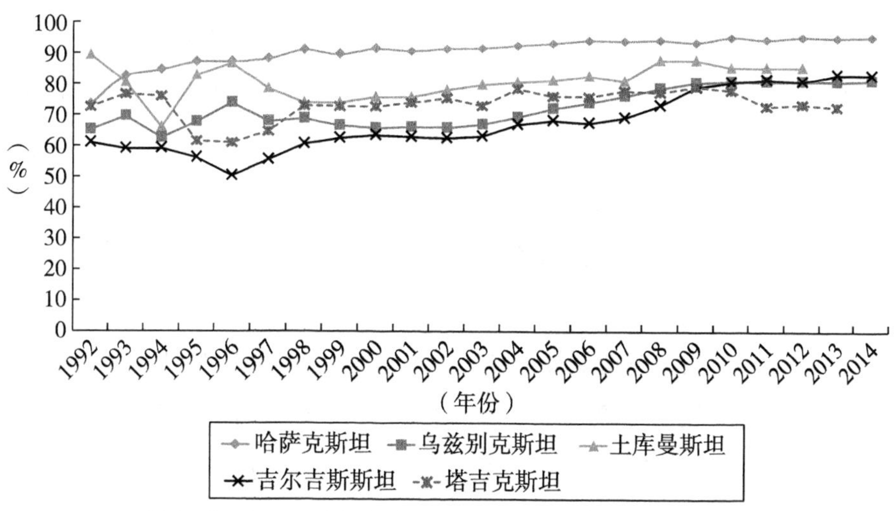

图3－2 1992—2014年中亚国家第二、三产业占GDP比重

数据来源：世界银行数据库。

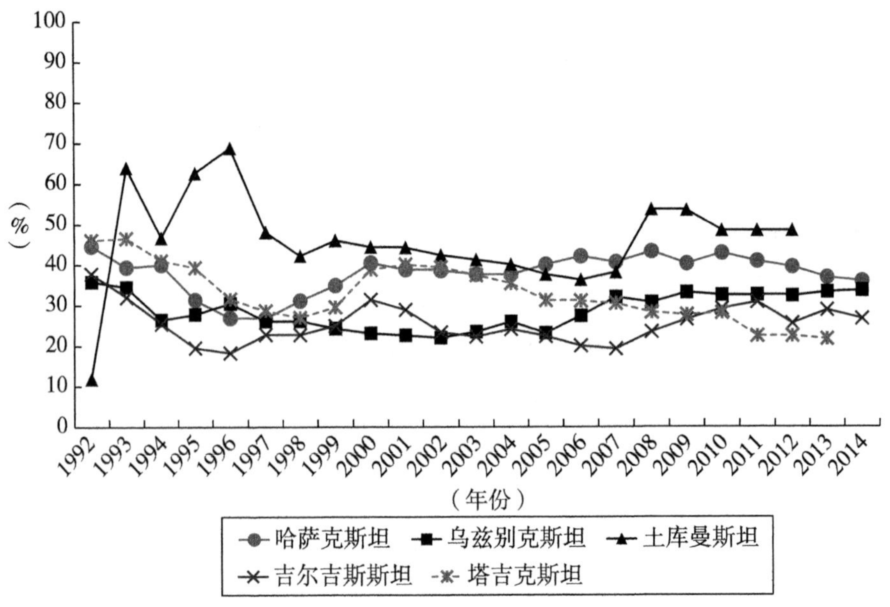

图 3-3　1992—2014 年中亚国家第二产业占 GDP 比重

数据来源：世界银行数据库。

1991 年哈萨克斯坦独立，在独立初期，工业（第二产业）在 GDP 中的占比不断下降（而且是在 GDP 不断下降的前提下），原油年产量从独立当年的 2659 万吨下降为 1994 年的 2030 万吨，天然气年产量从独立当年的 79 亿立方米下降到 1999 年的 58.38 亿立方米，年发电量从独立当年的 860 亿千瓦时下降为 1999 年的 474.9 亿千瓦时，苏联的资金、设备和技术人员撤走，哈萨克斯坦与苏联其他地区的经济联系遭到严重破坏。直到 1994 年，外资对哈萨克斯坦的投资才相对自由化，20 世纪 90 年代后半期，投资有所增加，到 2001 年，状况开始改善，但哈萨克斯坦石油工业缺乏外国资本和技术的支持，只能缓慢恢复。进入 21 世纪，哈萨克斯坦继续深化改革，增加引进外国石油企业、资本和技术的力度；同时国际石油价格上升，哈萨克斯坦石油产量快速增加。随后大批国际石油公司和资本涌入哈萨克斯坦，哈萨克斯坦的石油工业快速发展，达到空前繁荣。纵观哈萨克斯坦 21 世纪以来的发展历程，大体可以描绘出一条类似于“U”的曲线：

1991—1995 年属于全面下降阶段，1996—1998 年属于低谷徘徊阶段，1999—2000 年属于上升阶段，2001—2014 年属于平稳发展阶段。

在经历了下降—低谷徘徊—上升—平稳发展四个阶段之后，哈萨克斯坦的经济得以恢复，但仍然存在很多问题，如：各个产业部门发展严重失衡，有些部门的发展和恢复速度非常快，比如石油和天然气，短短的十几年间，哈萨克斯坦探明的石油可采储量从独立当年的 7.39 亿吨增加到 2007 年的 54.3 亿吨，增长了 634.8%；原油产量从独立当年的 2659 万吨增加到 2008 年的 7073.8 万吨，增长了 166%。石油和天然气的快速发展对哈萨克斯坦经济恢复起到了至关重要的作用，但是两者的一枝独秀对比其他经济部门的缓慢发展，并没有达到“以发展石油和天然气工业带动其他经济部门全面协调发展”的目的。且在农业和畜牧业方面，粮食作物播种面积从独立当年的 2275.3 万公顷下降为 1999 年的 1139.3 万公顷，粮食产量从独立当年的 1199.2 万吨下降为 1998 年的 639.3 万吨，其他农产品的产量也大幅下降，截至 2007 年，粮食、棉籽、葵花籽、土豆、蔬菜产量超过了独立当年的水平，但是在畜牧业方面，牛、羊、猪、马、骆驼、家禽六种牲畜的数量全部没有达到当年独立时的标准。

从图 3 -2 和图 3 -3 中还可以看到，在第二产业占 GDP 比重不断下降的情况下，第二、三产业总体占 GDP 比重稳步上升，这说明哈萨克斯坦第三产业在进入 21 世纪以后的统计数据是上升的，第三产业主要包括四个部门，即流通部门、为生产和生活服务的部门、提高科学文化水平和居民素质服务的部门、为社会公共需要服务的部门。哈萨克斯坦的铁路运输、公路运输非常发达，航空运输发展较晚，但发展较快，目前许多大型城市都开通了定期航班。哈萨克斯坦的管道运输比较完善，主要原因是原油和天然气的发展需要管道，目前管道运输已经成为该国交通运输的主要组成部分。再说旅游业，1991 年 8 月哈萨克斯坦成立了旅游部，1992 年 3 月又制定并颁布了旅游法，因此，作为新兴产业的旅游业在哈萨克斯坦得到了较快的发展，1991 年哈萨克斯坦全国的旅游组织只有3家，旅游收入占GDP的比重为0.3%，1994年发展到589家，旅游总人数4.5万人，旅游收入530万美元，1998年入境旅游人数达256752人，出境旅游人数502358人。进入21世纪以来，哈萨克斯坦的第三产业得到了快速发展。

2. 土库曼斯坦

土库曼斯坦是位于中亚西南部的内陆国，它西濒里海，西北邻哈萨克斯坦，东北部与乌兹别克斯坦接壤，面积49.12万平方千米，是仅次于哈萨克斯坦的第二大中亚国家。土库曼斯坦是中亚五国中地形最为平坦的国家，全境大部分都是平原，多在海拔200米以下，80%的领土被卡拉库姆沙漠覆盖。从图3-2可看出，土库曼斯坦自1998年开始，第二、三产业占GDP的比重缓慢上升并稳定地维持在80%左右，但在此之前的1994年出现显著下滑并在次年急速上升；从图3-3可看出，土库曼斯坦1992—1997年第二产业占GDP的比重变化幅度特别大，其中1992—1993年是一个大的上升阶段，经历了1994年的下降后，1996年又迎来了一个上升高峰，其后开始稳步上升。

工业是土库曼斯坦国民经济的主要组成部分，土库曼斯坦现已拥有石油、天然气、化工、建材、机械、轻工、食品、电力等行业，其中石油、天然气和化工是土库曼斯坦的主要工业部门，而天然气更是工业中最主要的部门，从2008年到2011年天然气分别占全国工业生产总值的40.7%、35.7%、41.3%和51.4%。纺织是土库曼斯坦非能源领域的重要行业，土库曼斯坦的棉纺织品在国际市场上享有良好的声誉，从1991年独立至2010年的19年里，土库曼斯坦共投资13亿美元，新建30家拥有国际先进设备的纺织企业，并对老企业进行了全面改造更新，使纺织行业的整体水平得到大幅度的提升，出口产品质量明显改善。为了扩大出口，2011年，土库曼斯坦制定了“2020年前纺织工业”发展规划，按照规划，未来的10年，土库曼斯坦将投资20亿美元，在全国每个区新建一个纺织加工企业用来生产出口产品，新建企业将全部采用意大利的先进生产设备和工艺以及德国的质量检测设备。根据土库曼斯坦官方报道，与2000年同期相比，2011年第一季度纺织生产整体增长47.2%，各类纺织成品增长13.5%，其中地毯成品增加15.3%，生产服务领域增长58.3%。

土库曼斯坦位于欧亚大陆的中心和结合部，自古便是重要的交通枢纽，曾被“丝绸之路”上的往来商人称为“人间七条路的十字路口”，土库曼斯坦独特的地理位置决定了发展交通运输业对该国经济建设具有十分重要的作用，独立后土库曼斯坦对发展交通运输业十分重视，国家制定了交通发展纲要，大力进行基础设施建设。

3. 乌兹别克斯坦

乌兹别克斯坦是中亚中部的内陆国家，西北濒临咸海，与哈萨克斯坦、吉尔吉斯斯坦、塔吉克斯坦、土库曼斯坦和阿富汗毗邻。地理位置优越，处于连接东西方和南北方的中欧中亚交通要冲的十字路口，是对外联系和各种文化相互交流的活跃之地。总的来说，独立以来，乌兹别克斯坦展现出来的产业结构特点是稳定，起伏变化在中亚五国中算是比较小的。图3－3显示乌兹别克斯坦第二产业占GDP的比重相对于其他五国较小，基本维持在20%～40%，在1992—1996年波幅较明显，在经历了大幅的下降后（从35%到25%），1994年开始回升，在1996—2005年基本维持原状，没有太大的增幅，而2005—2007年略有增加（25%～35%），其后保持原状基本不变；图3－2显示乌兹别克斯坦第二、三产业占GDP比重基本比较稳定，在70%左右徘徊，1992—1995年有较明显波动，1996—2002年变化较小，从2002年开始的7年，迎来了快速增长，增幅明显，其后保持缓步增长，基本不增长。

乌兹别克斯坦是古老的灌溉农业国，农业是该国的经济命脉和支柱产业，在国民经济中占有重要的地位，农业产值占GDP的比重为25%～30%，农业出口创汇额占出口创汇总额的60%，农业从业人员占全国从业人员的30%左右。乌兹别克斯坦是中亚重要的蔬菜产地，产有番茄、黄瓜、白菜、红萝卜、辣椒等。

乌兹别克斯坦自然资源丰富，工业发展在中亚地区举足轻重，天然气、机械制造、有色金属、黑色金属等相关产业都比较发达，经济实力仅次于俄罗斯、乌克兰、哈萨克斯坦，国民经济支柱产业还有黄金、棉花、石油和天然气，矿产资源储量总价值约 3.5 万亿美元，先探明的有近 100 种矿产品，主要有煤炭、有色金属、黄金、铜、铅、锡等。但是乌兹别克斯坦经济结构比较单一，加工业和轻工业比较落后，62% 的日用品依靠其他国家提供，主要出口棉花、石油、天然气、电力、有色金属及农产品，进口机械设备、食品、工业原料等。

乌兹别克斯坦同时拥有丰富的旅游资源，被认为不仅是中亚，而且是世界旅游中心。2005 年 9 月在塔什干举办了第 11 届“丝绸之路”旅游展销会，再次向国际社会广泛宣传乌兹别克斯坦旅游业的发展前景。2011 年乌兹别克斯坦接待的国外和当地游客人数超过了 100 万人，其中旅游企业接待的外国游客人数达 46.34 万人，2011 年接待游客人数比上年增加 5.4%。通过实施鼓励中小企业和私营企业的举措，乌兹别克斯坦从事旅游活动的主体的数量进一步增加，2010 年政府向 124 家机构发放了提供旅游服务的许可证，在此基础上 55 家酒店企业开始营业，截至 2016 年，乌兹别克斯坦约有 1200 家旅游机构，包括近 600 家酒店、旅馆以及约 600 家旅行社。

4. 吉尔吉斯斯坦

从图 3－2 和图 3－3 可以看出，吉尔吉斯斯坦的第二、三产业占 GDP 比重在 1996 年经历了比较严重的下滑之后开始稳步上升。吉尔吉斯斯坦的第二产业占 GDP 比重波动幅度也比较大，在 1996 年下降到最低点（18%）之后，1996—2000 年略有上升，之后在 20% ~40% 波动，变化范围有限，可以看出：吉尔吉斯斯坦的第二、三产业占 GDP 比重总体上呈上升趋势，而第二产业占 GDP 比重变化较大，且大起大落，第三产业对于吉尔吉斯斯坦的 GDP 的贡献率在上升。

吉尔吉斯斯坦经济结构单一，以农牧业为主，工业基础落后，工业中以矿山开采为主，其中金矿开采量最大，加拿大与吉尔吉斯斯坦合资建立的库姆托尔金矿呈现出“一业独大，一家独强”的局面。吉尔吉斯斯坦的主要作物有小麦、甜菜、玉米、烟草等，农用土地面积107万公顷，农业人口占到总人口的60%以上。工业是吉尔吉斯斯坦经济当中的一个重要的组成部分，主要工业有采矿、电力、燃料、化工、有色金属、机器制造、木材加工、建材、轻工、食品、烟草，其中最主要的是采矿，尤其是黄金的开采加工对该国国内经济的发展与促进作用最为明显。

5. 塔吉克斯坦

在第二产业占GDP的比重中，塔吉克斯坦的变化幅度比较大，从1992年到1996年一直下降，从48%下降到33%，在经历了2000年前后的增长小高峰后，从2002年开始，第二产业占GDP的比重开始持续下滑。

三、南亚国家产业结构概况分析

南亚是位于亚洲南部的喜马拉雅山脉中段、西段以及南印度洋之间的广大地区，南北和东西距离各约3100千米，共有7个国家，分别是尼泊尔、不丹、印度、巴基斯坦、孟加拉国、斯里兰卡和马尔代夫，南亚地区北部是喜马拉雅山脉，气候、土壤和植被的垂直变化显著；中部为大平原，河网密布，灌溉渠众多，农业发达；南部为德干高原和东西两侧的海岸平原，南亚大部分地区属热带季风气候，盛产水稻、小麦、甘蔗、黄麻、油菜籽、棉花、茶叶等，富含煤、铁、锰、云母、金等矿藏。

1. 印度

从图3－4和图3－5中看出，印度自1992年开始第二、三产业占GDP的比重稳定地保持在70%～80%，处于稳步上升状态，没有太大的起伏和下降；其第二产业占GDP比重稳定地保持在25%～30%，没有太大的波动，在2010年出现了小幅度的上升，随后渐渐下滑。

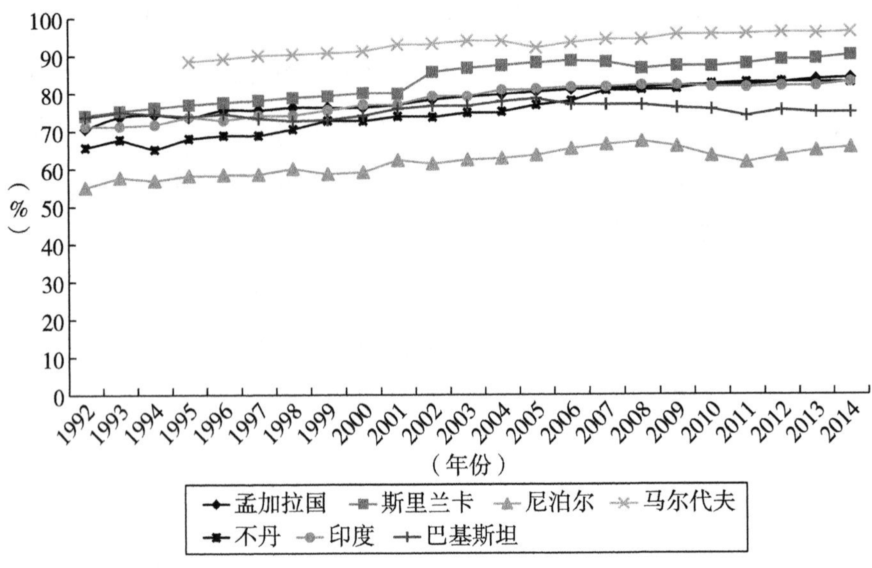

图 3-4　1992—2014 年南亚国家第二、三产业占 GDP 比重

数据来源：世界银行数据库。

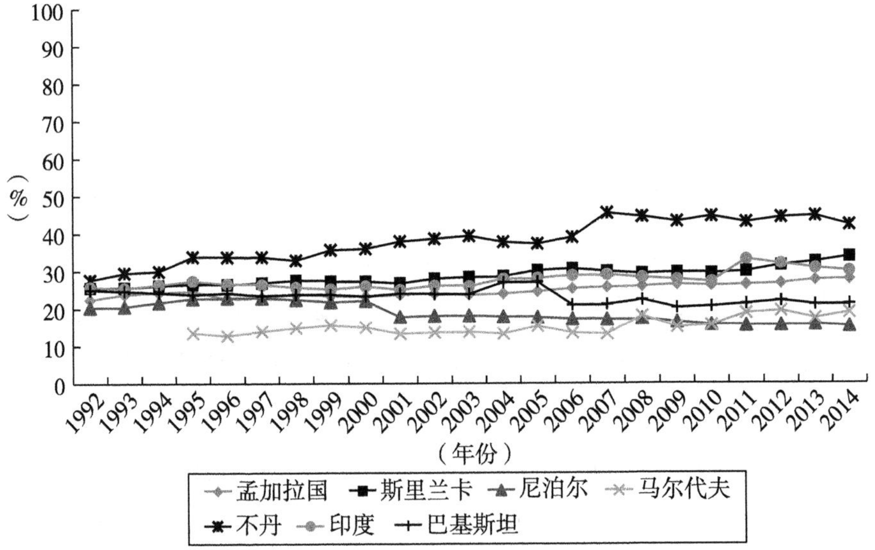

图 3-5　1992—2014 年南亚国家第二产业占 GDP 比重

数据来源：世界银行数据库。

事实上，1991 年之前印度的工业增长率高于服务业的增长率。在这段时间内，为数众多的印度传统工业得到不同程度的技术改造，印度建立起一个比较完整的民族工业体系，同时，各种工业品产量大幅度增加，除满足国内经济社会发展和人民生活需要外，印度还有大量工业品可供出口，工业品出口量在出口总额中的占比从其建国初期的 20% 上升到 1990—1991 年的 72.9%。而到 1991 年以后，服务业的增长率超过了工业增长率，并一直保持领先优势，服务业在 GDP 中的占比也在 2000 年后超过了 50%，这主要缘于软件外包和旅游业的发展。旅游业是印度政府重点发展的产业，是仅次于软件外包的第二大产业，其收入占印度 GDP 比重的 6%，为印度提供了 200 多万个就业岗位，并带动了酒店、航空等相关行业的发展。印度服务业的崛起也使得印度人民的生活水平在 20 世纪 90 年代以后得到了长足改善，这在一定程度上缓解了以往提高居民生活水平过度依赖农业，而农业又受气候影响的局限性。

2. 斯里兰卡

从图 3－4 和图 3－5 中来看，斯里兰卡的第二、三产业和第二产业占 GDP 的比重与印度非常接近，但不同的是，其第二、三产业占 GDP 的比重在 2002 年出现了明显的上升，上升了大概 5 个百分点，主要原因是 20 世纪末期斯里兰卡内部的民族冲突不断，2002 年 2 月，在挪威的斡旋下，斯里兰卡矛盾双方签署了一份永久性停火协议，使得斯里兰卡在短时间内拥有了发展的良机；而且斯里兰卡第二产业占 GDP 比重的增长趋势几乎与印度重合，没有太大的起伏变动，整体上其第二产业占 GDP 比重维持在 25% 左右。斯里兰卡全境可耕地面积 400 万公顷，2013 年已利用 200 万公顷，主要作物为茶叶、橡胶、椰子等。2013 年，斯里兰卡农业产值占 GDP 的比重为 10.8%，较上一年增长 4.7%。斯里兰卡主要有纺织、服装、皮革、食品、饮料、烟草、造纸、木材、化工、石油加工、橡胶、塑料和金属加工及机器装配等工业，大多集中于科伦坡地区。

谈及服务业，斯里兰卡靠近赤道，印度洋环绕四周，气候适宜，终年常绿，花果飘香，海鲜丰富。长达1240千米的海岸几乎完全是宽阔的金色沙滩，尤其是西南海岸，更是游泳与日光浴的理想场所。中部山区是景色迷人的茶园，集亚洲、非洲、拉丁美洲和大洋洲各国珍木异花之大成的佩拉德尼亚植物园，使整个斯里兰卡宛如铺上了绚丽多彩的大地毯。20世纪80年代，斯里兰卡旅游业进入了前所未有的低点，1989年年底，斯里兰卡各项经济活动得以恢复。1990年外国游客人数比上年增长61.3%，达到29.8万，创汇50亿卢比，经过短短三年的发展，截至1993年，旅游收入在斯里兰卡外汇收入中居第三位。2013年服务业产值占GDP的比重为58.1%，较上一年增长6.4%，贸易、银行、保险、房地产、运输和通信等产业增长较快。

3. 马尔代夫

从图3-4和图3-5中来看，马尔代夫第二、三产业占GDP的比重在南亚国家中是最高的，在90%以上且在持续增长，但是工业在GDP中占比较小，占10%~20%，这说明该国的经济增长60%~70%都依靠第三产业。旅游业、船运业和渔业是马尔代夫经济的三大支柱。马尔代夫坚持在保护环境的基础上，发挥自身资源优势，积极吸收国外资金与援助，加快经济发展。旅游业已经成为马尔代夫第一大经济支柱，旅游收入对GDP的贡献率多年保持在30%左右。截至2018年年底，马尔代夫有135个旅游岛，3.85万张酒店床位，入住率达61.2%，人均在马尔代夫停留时间为6.2天。2012年马尔代夫旅游收入61.39亿拉菲亚（马尔代夫货币单位），占其GDP的比重为28.7%。马尔代夫土地贫瘠，农业十分落后。椰子生产在农业中占重要地位，全国约有100万棵椰子树。其他农作物有小米、玉米、香蕉和木薯。2013年，马尔代夫农业产值为3.68亿拉菲亚，占GDP的比重约为1.7%。至于工业，马尔代夫仅有小型船舶修造及海鱼和水果加工、编织、服装加工等手工业。

4. 孟加拉国

从图3-4和图3-5看，孟加拉国的第二、三产业占GDP的比重为70%~80%，第二产业占GDP的比重为20%~30%，增幅不明显，增长比较平稳。总体来说，孟加拉国的经济基础薄弱，重工业也相对薄弱，制造业欠发达，工业以原材料和初级产品生产为主，包括水泥、化肥、纸张等。旅游业为其经济增长做出了非常大的贡献，其旅游资源丰富，在联合国开发计划署的帮助下，世界旅游组织已经针对孟加拉国的旅游业出台了相应的战略计划，确定了孟加拉国将要被开发的旅游产品和各类旅游设施。

5. 尼泊尔

从图 3 -4 和图 3 -5 看，尼泊尔的第二、三产业占 GDP 的比重在南亚国家中相对较弱，低于南亚其他国家，从 1992 年开始第二、三产业占 GDP 的比重一直稳步上涨，但是限于 50% ~70% 内波动，起伏不明显，在 2008 年前后三年里有小幅度的涨和落；第二产业占 GDP 的比重也不占优势，并且在 2000 年以后，第二产业占 GDP 的比重一直在渐渐下滑。尼泊尔境内多山地，不利于农业的发展，人均耕地面积较少，耕地分布不均衡，40% 的耕地没有灌溉设施。主要农作物有稻谷、玉米、小麦，经济作物主要有甘蔗、油料、烟草等。工业产值占 GDP 的比重为 20% 左右，工业区较少。旅游业是尼泊尔的支柱产业。尼泊尔地处喜马拉雅山南麓，徒步旅游和登山业发达，产值常年占 GDP 的 30% 左右。

6. 不丹

如图 3 -4 和图 3 -5 所示，在南亚国家中，不丹第二、三产业的发展是比较快的，第二产业占 GDP 的比重在南亚国家中遥遥领先，而且在 2007 年有一个小的增长点。农业是不丹的支柱产业，可耕地面积占国土总面积的 16%，主要农作物有玉米、稻子、小麦、大麦、荞麦、马铃薯和小豆蔻，畜牧养殖较普遍。盛产水果，苹果、柑橘等水果大量向印度和孟加拉国出口。农业人口占总就业人口的 60% 左右。不丹工业产值占 GDP 的比重约为 40%。电力行业逐渐成为其经济支柱之一。旅游业是不丹外汇的重要来源之一。1974 年不丹开始对外开放旅游业，每年 3 月至 6 月、9 月至 12 月是旅游旺季，游客主要来自日本、美国和中国等地。

7. 巴基斯坦

巴基斯坦无论是第二产业还是第二、三产业占 GDP 的比重在 20 年里都没有明显的增长，虽然在中期有一点回升，但在2005年开始慢慢回落。20世纪90年代，巴基斯坦施行不明智的政策导致其经济发展减速。2014年，巴基斯坦第二、三产业占GDP的比重基本与1992年的持平。巴基斯坦拥有多元化的经济体系，是世界第25大经济体。巴基斯坦最大的工业部门是棉纺织业，其他还有毛纺织、制糖、造纸、烟草、制革、机器制造、化肥、水泥、电力、天然气、石油等。因为巴基斯坦大部分地处亚热带，所以其水果资源非常丰富，巴基斯坦素有东方“水果篮”之称。在平原洼地盛产香蕉、橘子等，在山地高原则盛产桃子、葡萄、柿子等。农业是巴基斯坦的支柱产业，其旅游业发展较慢，旅游者多为定居在欧美的巴基斯坦人和海湾国家的游客。

总之，南亚国家是世界上不发达国家的聚集区，这些国家的普遍特点是没有强硬的工业基础做支撑，但由于其资源禀赋相对优越，尤其是旅游资源，因此南亚大部分国家旅游业发展相对较好。

四、东南亚国家产业结构概况分析

东南亚位于亚洲东南部，包括位于中南半岛的越南、老挝、柬埔寨、泰国、缅甸和位于马来群岛的菲律宾、文莱、新加坡、印度尼西亚、东帝汶等10个国家。东南亚地处亚洲与大洋洲、太平洋与印度洋的“十字路口”。东南亚各国拥有丰富的自然资源和人力资源，为经济发展提供了良好的条件，形成了以季风水田农业和热带种植园为主的农业地域类型，但经济结构比较单一。20世纪60年代以来，东南亚各国大力发展外向型市场经济与国家宏观调控相结合的经济发展模式，一是大力发展制造业，二是扩大农矿产品的生产和出口，三是深化各个层面的区域经济合作，这使得东南亚成为当今世界经济发展最有活力和潜力的地区之一。但其发展极不均衡，这里聚集了以新加坡为首的率先成为新型工业化的国家，以马来西亚、泰国等为代表的已处于工业化中期的国家，以及大量仍处于工业化初期的国家。

1. 新加坡

从图3 -6 和图3 -7 来看，新加坡的第二、三产业占 GDP 的比重从1992 年开始几乎达到100%，第二产业占 GDP 的比重在1992—1999 年几乎没有变化，维持在35%左右，自1999 年开始，缓中有序地逐年下滑，从1999 年的33%到2013 年的25%，在2001 年前后的东南亚危机、2008 年的世界金融危机中，工业占 GDP 比重下降较往年稍大。

新加坡是世界四大金融中心之一，是东南亚国家中最发达的国家。作为一个城市国家，新加坡国土面积狭小，发展农业的条件有限，第一产业在国民经济中所占比重非常小，农业人口相当少，多数农业产品的消费都依赖进口；工业在新加坡经济发展历程中具有举足轻重的地位。1965 年新加坡独立后，政府不断调整工业发展布局，形成了以发展制造业为主，以建筑业和公共设施建设为辅的工业格局。新加坡现为世界电子产品最重要的制造中心之一和第三大炼油中心。20 世纪90 年代，新加坡以发展服务业和制造业为主，农业在国民经济中的比重已经相当小，不到0.5%。1995 年新加坡制造业的产值占 GDP 的比重为27%，建筑业的产值占 GDP 的比重为7%，表明此时新加坡工业的发展是以制造业为主。同年其制造业产值达321 亿新元，其中，电子电器业占51.4%，石油化工业占17.7%，金属工业占5.8%，交通设备业占4.6%，其他行业占20.5%。但受到2008 年世界金融危机的影响，新加坡的制造业也受到一定影响，2009 年就业人数缩减到29.36 万人。自此，新加坡形成了以发展制造业为主，以建筑和公共设施建设为辅的工业格局，而制造业主要以炼油、石化、电子、化工等为主导产业，并形成了相应的产业集群。新加坡政府还创建了裕廊工业园，意图加快工业化步伐，促进经济增长。新加坡第三产业得到了空前的壮大和发展，形成了以金融、贸易和运输通信为三大支柱的产业结构，高度发达的第三产业使新加坡在世界经济体中占有重要地位。

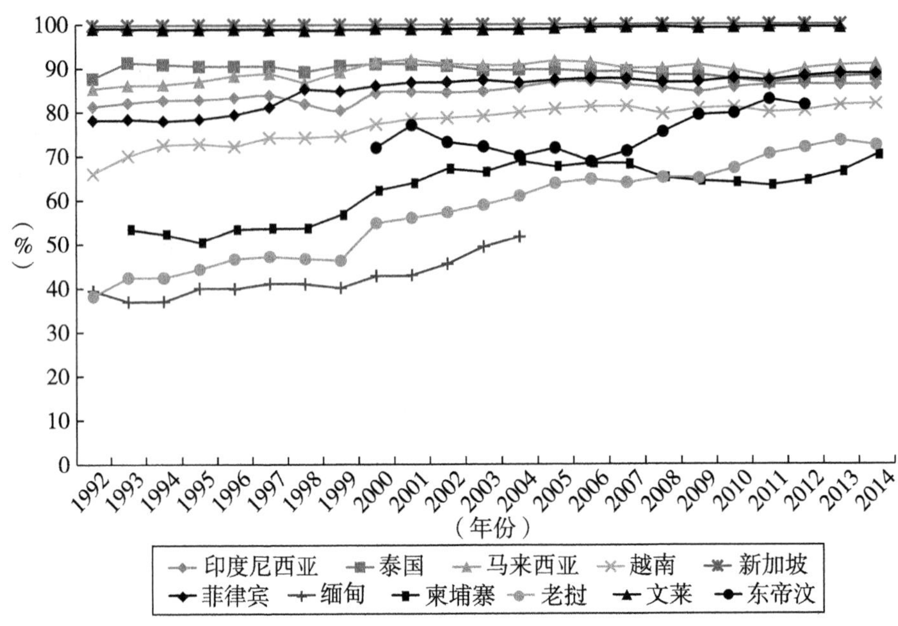

图 3-6　1992—2014 年东南亚国家第二、三产业占 GDP 比重

数据来源：世界银行数据库。

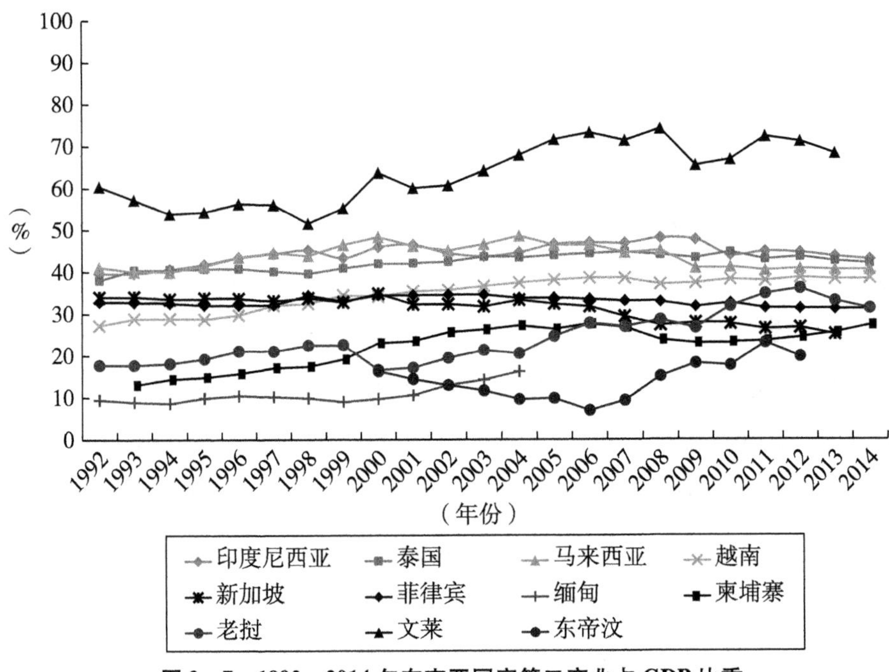

图 3-7　1992—2014 年东南亚国家第二产业占 GDP 比重

数据来源：世界银行数据库。

2. 文莱

如图3－6和图3－7所示，文莱第二、三产业占GDP的比重从1992年开始就几乎达到了100%，与新加坡比较类似，从图上看，文莱第二产业占GDP比重显示了如下两个特点：一是在东南亚国家中遥遥领先，绝对优于东南亚其他国家，1992—2014年的22年间一直在50%～80%浮动；二是变化幅度明显，在1992—1994年、2000—2001年以及2008—2009年有一定范围的下降，在1998—2000年、2001—2006年、2010—2011年有上升，尤其是在2001—2006年的几年间，增长幅度大、持续时间长，其第二产业占GDP比重从1992年的60%左右上升到2014年的70%左右，可以说，文莱近20多年的工业化发展成效十分显著。

文莱是东南亚主要产油国和世界主要液化天然气生产国，仅靠油气生产就成为东南亚甚至世界上较为富裕的国家之一。石油和天然气的生产和出口是其国民经济的支柱，约占其国内生产总值的67%和出口总收入的96%。近些年来，文莱也开始意识到产业结构的单一，开始重视油气下游产品开发和港口扩建等基础设施建设，积极吸引外资，促进经济向多元化方向发展。经过几年的努力，文莱非油气产业占GDP的比重逐渐上升，特别是建筑业发展较快，成为仅次于油气的重要产业，服装业亦有较大发展，已成为继油气业之后的第二大出口收入来源。

旅游业是文莱除油气业外大力发展的又一产业，2008年1月，文莱政府宣布启动“文莱2035宏愿”，计划拨出95亿文元，大力发展旅游业，改善交通和通信基础设施，实现经济持续发展，争取使人均国民收入进入世界前十名。2012年，文莱颁布第十个国家发展五年规划，制定了52亿美元发展预算，用于鼓励自主创新和本地人才培养，重点发展科技行业。

如图3－6和图3－7所示，泰国、马来西亚、印度尼西亚和菲律宾的第二、三产业占GDP比重较为相近，这四个国家的占比增长都相对缓慢，没有较大波动，1992年占比最高的是泰国（90%）、占比最低的是菲律宾（80%），在近20年的发展历程中，四个国家的发展水平渐渐靠拢，到2014

年都维持在85%左右；关于第二产业占GDP比重，泰国、马来西亚、印度尼西亚三个国家比较相近，基本为40%~50%，在2000年稍有上升，但随后又渐渐回落，总体来说自2000年以后基本没有增长，菲律宾第二产业占GDP比重相对较小，在31%~32%徘徊，在1998年稍有上升，近年来也有回落的趋势。

3. 马来西亚

马来西亚是东南亚一个具有悠久历史的文明古国。马来西亚位于亚洲大陆和东南亚群岛的衔接处，亚洲、大洋洲大陆与太平洋、印度洋的交汇处，其地理位置优越性十分明显。马来西亚自然资源和矿物资源丰富，林业、渔业、畜牧业和野生植物资源也很丰富，在政府的大力支持下，以水稻为主的粮食作物生产与供应保持稳定，以油棕为主的经济作物产量及其出口继续保持国际领先水平，以渔业为首的副业发展取得了一定的成效。工业方面，马来西亚政府鼓励以本国原料为主的加工工业，重点发展电子、汽车、钢铁、石油化工和纺织品等。同时，该国重视生产半导体产品、空调产品及人造油产品。经过高速发展，马来西亚形成了较为完整的工业体系。马来西亚工业体系中，汽车、电子、机械制造等比较发达。国产小汽车在东亚一带享有盛誉。服务业方面，旅游业的发展成为马来西亚的三大经济支柱之一和第二大外汇收入来源，旅游业已经成为马来西亚国民经济的重要产业部门。据马来西亚旅游部统计，2011年赴马来西亚旅游的游客为2471.14万人次，旅游行业收入达到583亿马元；2012年马来西亚共接待游客2500万人次，较2011年增长了1.3%，旅游业为马来西亚提供了14%的就业岗位，总收益达到1303亿马元。建筑业、批发零售业、金融业、住宿业、信息业、交通运输业等都显示出了马来西亚在服务业方面拥有飞速发展的能力。

4. 泰国

从图3-6和图3-7看，泰国的产业在两幅图中的走势，无论是第二产业还是第二、三产业总体，发现在1998年和2008年都有微乎其微的回落，总体来看，在笔者统计的22年中，变化非常小，说明长期以来泰国的产业发展并未出现飞跃式的变化和升级。

泰国是传统的农业国，有丰富的农业资源，农业在其国民经济中一直占据着举足轻重的地位。泰国的土壤条件优越，气候条件对发展农业非常有利，泰国大部分地区属于热带季风气候，几乎全年都适合农作物栽培。农业是泰国传统经济产业，农产品是泰国外汇收入的主要来源之一，也是当前泰国经济的重要组成部分。工业方面，20世纪50年代以前，泰国工业仅有一些简单的初级产品加工业，20世纪70年代以后，泰国纺织工业和食品加工业已能自给自足，20世纪80年代后期到90年代中期，经过产业结构调整，泰国工业加快了发展步伐，工业门类增多，结构日趋多样化，出现了一些资本密集型和技术密集型产业。制造业是泰国占比最大的产业，且成为主要出口产业之一，当前，纺织服装工业、汽车摩托车装配及零配件工业、电子电器工业、软件工业、石化工业、食品加工工业、轮胎工业、建筑材料和建筑机械工业、鞋类、家具、珠宝、玩具、皮革等制造业是泰国工业的重要门类，制造业产值在泰国工业产值中约占90%的份额，占GDP比重为30%左右。服务业方面，旅游业保持稳定发展势头，也是外汇收入的重要来源之一，自20世纪80年代以来，泰国对外贸易和加工制造业保持持续高速增长的同时，旅游业也获得了迅速发展。但1991年泰国的游客人数有所降低，为508万人次，没有达到预期的600万人次的目标，主要是因为世界经济不景气、饭店价格上扬及环境污染等，尽管如此，国际旅游业仍是该国外汇收入的主要来源之一。1997年的金融危机之后，泰国旅游业遭受了许多灾难性事件，旅游业发展受到一定程度的影响，但其地位仍不容忽视，2012年泰国接待外国游客超2000万人，外汇收入达300亿美元。泰国旅游资源主要有文化古迹、佛教文化、风俗文化以及自然风景等。旅游业的发展直接为泰国争创了大量外汇收入，提高了其经济效益。

5. 印度尼西亚

印度尼西亚是一个农业大国，全国耕地面积约8000万公顷，从事农业的人口约4200万人。印度尼西亚气候湿润多雨，日照充足，农作物生长周期短，主要经济作物有棕榈油、橡胶、咖啡、可可。2012年，印度尼西亚棕榈油产量达到2850万吨，成为全球最大的棕榈油生产国。2013年，印度尼西亚工业占GDP比重约为46.04%，其中：采矿业约占11.44%，制造业约占23.59%，电气水供应业约占0.83%，建筑业约占10.18%。旅游业是印度尼西亚非油气产业中仅次于电子产品出口的第二大创汇产业，印度尼西亚政府长期重视开发旅游景点，兴建饭店，培训工作人员和简化入境手续。印度尼西亚是世界上最大的群岛国家，由于海岸线漫长，岛上的旅游资源相当丰富。丰富的海洋、火山、湖泊等自然景观，加上多姿多彩的民族文化，对世界游客有着巨大的吸引力。这些年来，印度尼西亚一直将旅游业作为其经济发展的重点，并取得了巨大的成就。

6. 越南

从图3－6和图3－7看，越南不论是第二、三产业还是第二产业占GDP的比重在东南亚国家中均处于中等状态，与大多数国家不同的是，22年中，它的占比始终是增加的，增长幅度相对较为明显，第二、三产业从1992年65%上升至2014年的80%，第二产业从1992年的25%上升到2014年的40%，产业结构升级效果显著。

越南是传统农业国，农业人口约占总人口的75%。耕地及林地占国土总面积的60%。粮食作物包括水稻、玉米、芋头、木薯等，经济作物主要有花生、大豆、甘蔗、烟叶、桑树、棉花等。越南人口众多，人均粮食少，粮食产量不稳定，自然灾害频繁。因此在越南，粮食安全问题具有重要的战略意义。工业方面，由于越南政府提出要大力推进国家工业化、现代化，建立市场经济的配套管理体制，越南工业和服务业得到了长足发展，对外开放水平不断提高，基本形成了以国有经济为主导、多种经济成分共同发展的格局。

柬埔寨、缅甸、老挝、东帝汶四国在东南亚地区相对比较落后，从图3－6和图3－7中可以看出，四国第二、三产业占GDP比重相对低于其他国家，第二产业占 GDP 比重也低于其他国家，但是四个国家中除了东帝汶其他国家都在增长，且增长速度比较快，涨幅明显。柬埔寨和老挝两个国家第二、三产业占 GDP 比重上涨幅度很明显。缅甸数据不全，但是从已有的数据来看，其增长也非常乐观。

7. 柬埔寨

柬埔寨是东南亚一个具有悠久历史的文明古国，还是一个美丽的国度，位于中南半岛东南部，国土面积 18. 1 万平方千米。近几十年其经济建设虽然取得了一定的成就，但始终没有摆脱贫穷与落后的总体状况。柬埔寨是世界上最不发达的国家之一，是传统农业国，贫困人口占总人口的 28%。农业是柬埔寨经济的第一大支柱产业，对推动国家经济发展，减少贫困，保障粮食安全以及维持社会稳定起着重要的作用。柬埔寨农业人口占总人口的 85%，占全国劳动力的 78%，全国可耕地面积达 630 万公顷。2012 年，全国水稻种植面积 297. 1 万公顷，同比增加 20. 4 万公顷。稻谷产量 931 万吨，同比增长 6%。天然橡胶种植面积 28 万公顷，产量为 6. 45 万吨，同比分别增长 31% 和 26%。渔业产量 66. 2 万吨，同比增长 13%。

柬埔寨工业部门主要包括采矿业、制造业、电力、石油、天然气及水泥的生产和建筑业，其被视为推动柬埔寨国内经济发展的支柱之一，但其起步较晚，基础薄弱，门类单调，轻工业中成衣纺织占比较大并出口海外市场。工业领域为约 50 万名柬埔寨国民创造了就业机会。2011 年，柬埔寨 GDP 为 128. 3 亿美元，同比增长 7. 1%，其中工业增长 14. 5%，成衣制造业和橡胶业分别增长 20. 2% 和 10. 1%，并创造了 45 万个就业岗位。

第三产业作为柬埔寨经济发展的重要组成部分，在经济的恢复和发展中起到了重要作用，主要包括交通运输业、旅游和餐饮业、教育业、医疗卫生业、零售批发业和金融业。2000 年以来，柬埔寨政府大力支持、鼓励外国航空公司开辟直飞金边和吴哥窟游览区的航线并兴建旅游设施。同时，酒店服务业也得到了发展，到 2000 年年底，柬埔寨拥有 241 家酒店共 9777 个房间，第三产业展现出了良好发展态势。2002 年，柬埔寨政府加大对旅游业的资金投入，修复古迹，开发新景点，改善旅游环境。2012 年，柬埔寨共接待外国游客 358 万人次，同比增长 24.4%。旅游收入达 22.1 亿美元，同比增长 11.1%，约占 GDP 的 14.2%，直接或间接创造了约 35 万个就业岗位。2013 年柬埔寨共接待外国游客 421 万人次，同比增长 17.5%，旅游收入达 25.5 亿美元，同比增长 15.4%，占 GDP 的 15.5%，创造了 62 万个就业岗位。

8. 缅甸

农业是缅甸国民经济的支柱产业，农业出口是国家创汇和财政收入的重要来源。水稻种植占农业生产的主导地位，水稻种植面积占农作物播种面积的 45%，其他分别为油籽作物、蔬菜水果类、豆类和工业原料。缅甸主要农作物有水稻、小麦、玉米、花生、芝麻、棉花、豆类、甘蔗等；缅甸森林资源丰富，全国拥有林地 3412 万公顷，覆盖率为 50% 左右，缅甸自然条件优越，资源丰富。矿产资源主要有锡、钨、锌、铝、锑、锰、金、银等，宝石和玉石在世界上享有盛誉。石油和天然气在内陆及沿海均有丰富的蕴藏。森林、水利资源丰富，但由于缺少水利设施，水资源尚未得到充分利用。缅甸的工业不发达，工业基础相当薄弱。缅甸工业主要有小型机械制造、纺织、印染、碾米、木材加工、制糖等。缅甸军政府和新政府一直努力使国家走上新型工业国家的道路，并且努力提高第二产业在 GDP 中的份额。缅甸第三产业发展很不均衡，缅甸的旅游业、交通运输业和电信业发展比较迅速，教育业、文化广播电视业、金融业和保险业等自 2011 年以来改革幅度较大，但总体来说，缅甸第三产业发展落后于世界平均水平。

9. 老挝

老挝是东南亚国家联盟成员国之一，也是世界低度开发国家之一。老挝地广人稀，人口密度为每平方千米 25 ~ 29 人，1975 年老挝人民民主共和国成立，其经济基础薄弱，没有任何现代工业，基本上是一个自然经济传统农业国。1991 年以来，老挝由自然半自然经济向商品经济转变，农业一直占 GDP 比重 50% 以上，农作物主要有水稻、玉米、薯类、咖啡、烟叶、花生、棉花等。老挝工业基础薄弱，主要工业企业有发电、锯木、采矿、炼铁、水泥、服装、食品、啤酒、制药等企业及小型修理厂和编织、竹木加工等作坊。1997 年后，老挝的经济受亚洲金融危机严重冲击。老挝政府采取了加强宏观调控、整顿金融秩序、扩大农业生产等措施，基本保持了社会安定和经济稳定。

10. 东帝汶

东帝汶是东南亚地区唯一非东南亚国家联盟成员国的国家，从仅有的数据来看，其产业结构在东南亚地区较为落后，从 2000 年到 2007 年，其产业结构走势下滑，随后开始慢慢好转。

东帝汶被联合国开发计划署列为亚洲最贫困国家和全球 20 个最落后的国家之一，经济处于重建阶段。经济以农业为主，农业人口占总人口的比重为 90%，农业产值约占 GDP 的 26%。主要农产品有玉米、稻谷、薯类等。经济作物有咖啡、橡胶、椰子等，咖啡是其主要出口产品，农业是其经济支柱。东帝汶工业基础薄弱，仅帝力及其附近有小型的加工业。东帝汶主要出口咖啡、椰子、紫檀木、橡胶；咖啡、橡胶、紫檀木有“帝汶三宝”之称，东帝汶主要进口食品、纺织品、车辆及其他工业品。

总之，东南亚国家产业结构差距比较大，新加坡和文莱属于东南亚国家中发展比较好的国家，新加坡的第三产业对其经济发展的作用比较明显，但是文莱的工业更强。而柬埔寨、东帝汶等国的产业结构升级则不容乐观。

五、欧洲国家产业结构概况分析

欧洲是资本主义经济发展最早的地区，而欧洲国家普遍工业生产水平和农业机械化程度较高。其工业呈现出如下特点：①工业以加工型为特点，燃料和各类原材料大量进口，工业制成品大量输出；②工业机械化程度高，工业规模大。农业为次要生产部门。农业现代化水平高、农牧结合程度高、集约化水平高。主要种植麦类、玉米、马铃薯、蔬菜、瓜果等，小麦产量约占世界总产量的50%，大麦、燕麦产量约占世界总产量的60%以上。畜牧业以饲养猪、牛、绵羊为主。

1. **白俄罗斯**

如图3－8和图3－9所示，整体来说，白俄罗斯的第二、三产业占GDP的比重是上升的，1992—1994年上升速度较快，1994—1996年经历了较小的下降阶段，1996—2003年增长放缓，从2003年以后，基本没有太大的变化，保持在90%左右；白俄罗斯第二产业占GDP比重自1992—1994年下降且幅度较大，以后虽有波动，但波动较小，1994—1997年，增长放缓，1997—2002年缓速下降，2002—2005年缓慢上升，其后基本保持不变，维持在42%左右。从以上描述来看，1992—1994年白俄罗斯第三产业有所增加，而且幅度很大，大致增加了15个百分点，这与白俄罗斯实行一系列经济改革有关。

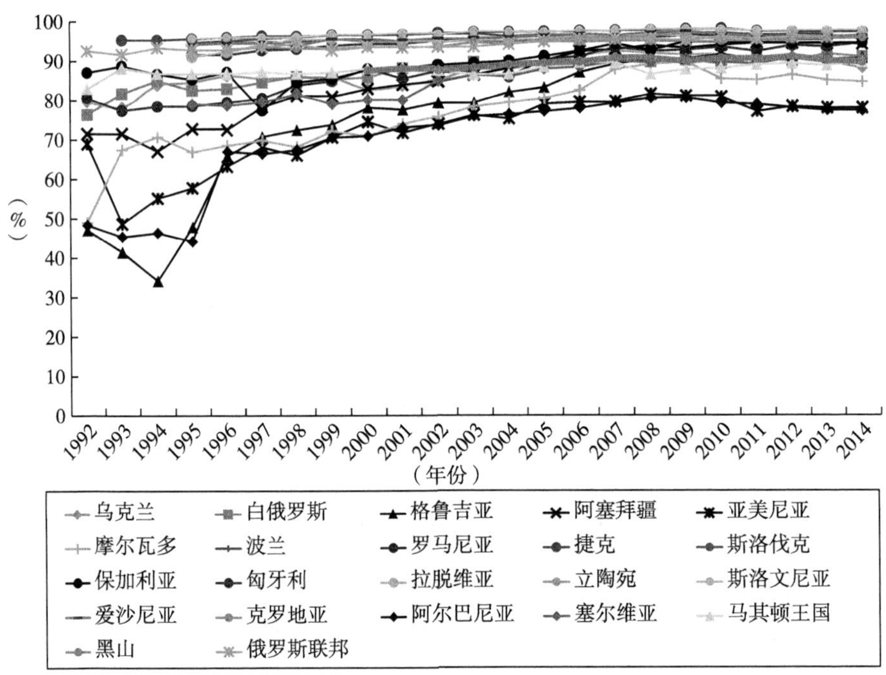

图3－8　1992—2014年欧洲国家第二、三产业占GDP比重

数据来源：世界银行数据库。

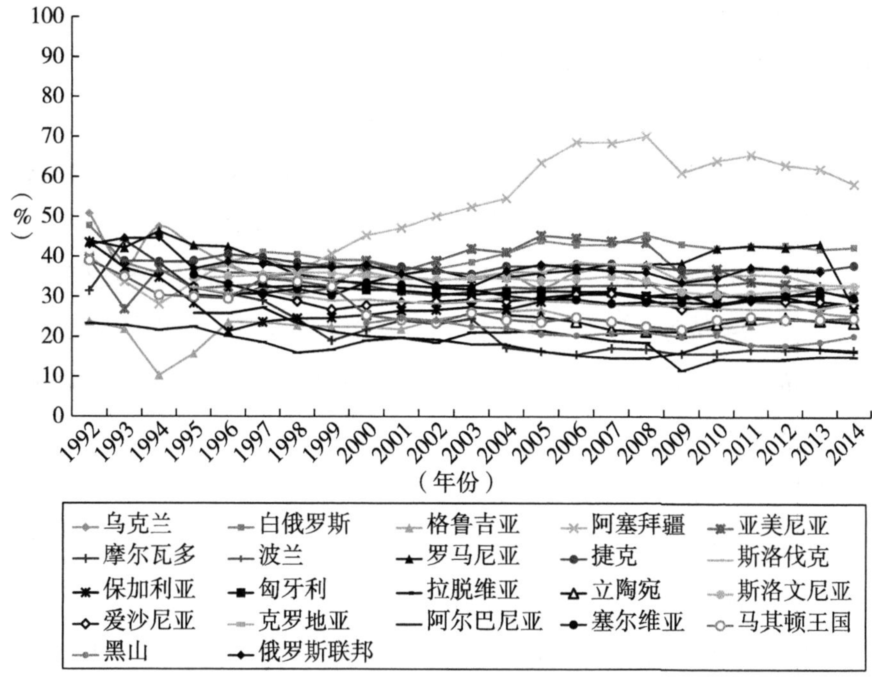

图 3-9　1992—2014 年欧洲国家第二产业占 GDP 比重

数据来源：世界银行数据库。

白俄罗斯是谷物、奶、土豆、亚麻等农产品的主要产地，其中亚麻和土豆是该国享有盛名的两大传统农作物。白俄罗斯独立前，主要农产品自给有余，可向其他国家提供。白俄罗斯农业生产结构的特点是以畜牧业为主，其次是种植业，此外还有养殖业。畜牧业是其重点发展的领域。养殖业主要有淡水养鱼业、养兽业、养蜂业等。白俄罗斯工业基础较好，机械制造业、冶金加工业、机床、电子及激光技术比较发达和先进，自 1996 年以来，其经济稳步增长。白俄罗斯主要工业部门有机械制造、金属加工、化工、电子、光学仪器、石油加工、木材加工、轻工、食品加工等。

2. 阿塞拜疆

如图 3-8 和图 3-9 所示，阿塞拜疆的第二、三产业占 GDP 比重增长迅速，从 1992 年的 71% 左右增长到 2014 年的 90% 左右，只有在 1993—

1994 年有小幅度下降，其增长最快在 1996—1998 年。阿塞拜疆的第二产业占 GDP 比重比较有特点，一是变化幅度非常大，二是在欧洲国家中属于前列。

阿塞拜疆石油和天然气资源丰富，石油探明储量 20 亿吨，地质储量约 40 亿吨，天然气探明储量 2.55 万亿立方米，远景储量 6 万亿立方米。此外，其境内还有铁、钼、铜、黄金等金属矿藏，以及丰富的非金属和矿泉水资源。2014 年阿塞拜疆国内生产总值达 752 亿美元，同比增长 2.8%。经济竞争力排名世界第 39 位，跻身“快速强劲发展国家”行列。阿塞拜疆在实施“2011—2015 年发展纲要”基础上，制定“阿塞拜疆 2020：面向未来”战略构想和“阿塞拜疆 2015—2020 年工业发展纲要”，积极实施经济发展多元化战略，大力发展石油领域经济，同时注重扶持非石油经济发展，努力发展通信、交通、高新技术、旅游、农业等产业，实施以大规模基础设施建设拉动经济发展的政策，促进经济多元化和各领域均衡发展。阿塞拜疆主要工业部门有石油化工、机械制造、有色冶金、轻工、食品等。

3. 摩尔多瓦

从图 3 - 8 和图 3 - 9 中看，摩尔多瓦第二、三产业占 GDP 比重 22 年间增长幅度非常大，从 1992 年的 50% 增长到 2014 年的 85% 左右，1992—1994 年增长尤其快速，速增长到 70%，其后从 1994—1995 年又有稍微地下降，从 1995—2007 年一直稳步上升，2007—2009 年有三年的停滞时期；摩尔多瓦的第二产业占 GDP 比重在欧洲国家中算是比较低的，1992—1994 年有快速增长的阶段，从 1995—1998 年一直以较快的速度下降，从 1998—2003 年经过短暂的小幅上升后，降至 15% 左右并趋于平缓。说明近年来该国第三产业发展迅速，并带来了巨大的经济效益。

摩尔多瓦国土面积的 80% 是黑土高产田，适宜农作物生长，盛产葡萄、食糖、食油和烟草等，曾是苏联水果和浆果、玉米、向日葵和蔬菜等农作物的生产基地之一。另外，摩尔多瓦的草药、香精、玫瑰油、母菊油、薰衣草油、鼠尾草油等享誉国际市场。农作物的产值在农业产值中占65.7%，畜牧业的产值在农业产值中约占34.3%。农业以及与农业相关的部门是摩尔多瓦国民经济赖以发展的基础。农业和农产品加工占国内生产总值的60%，全国有46%以上的劳动力从事农业生产。摩尔多瓦的工业基础薄弱。在工业产值中，食品加工工业的产值居第一位，重工业居第二位，轻工业居第三位。

4. 格鲁吉亚

从图3－8和图3－9看，1992年格鲁吉亚第二、三产业占GDP比重大约为48%，1994年猛减至35%左右，随后从1994—1996年又急速上升到65%，从1996—2008年一直以较高的速度上升，2008年以后维持在90%基本保持稳定；对于第二产业来说，格鲁吉亚1992—1994年也经历了大滑坡，1996年第二产业占GDP的比重为25%，随后没有大的波动。可以说，从1996年开始，产业结构的升级主要靠第三产业拉动。

为了推动旅游业的发展，格鲁吉亚政府推出了一系列鼓励政策，其中一项是建立旅游保税区，在这里，格鲁吉亚政府将为投资者提供免费的土地以及税收优惠，同时也会给投资者介绍具有发展潜力的发展项目，除旅游业外，水利、电力和制造业也是该国重点招商的投资领域。

5. 亚美尼亚

亚美尼亚第二、三产业占GDP比重的走势与格鲁吉亚比较相近，1992—1993年急速从70%下降到50%，次年开始回升，1993—2005年以较快的速度增长到75%，随后在75%附近浮动，不再发生大的变化；亚美尼亚第二产业占GDP比重的走势也与格鲁吉亚比较相近，但总体比格鲁吉亚占GDP比重高，在30%～45%区间浮动。

1991年9月亚美尼亚独立后，经济发展受到经济基础薄弱及纳卡战争和阿塞拜疆、土耳其对其封锁等因素影响连年下滑。2001年开始回升，至2007年GDP连续保持两位数增长，人均国民收入增长较快，国民生活水平有所提高。2008年第四季度起受国际金融危机影响，经济增速放缓。

2009 年经济增速下滑严重。2010 年和 2011 年亚美尼亚政府积极采取调整产业结构、扩大内需、加快基础设施建设、大力扶植农业等措施，努力消除金融危机的后果，收到了一定成效。

6. 乌克兰

如图 3 –8 和图 3 –9 所示，乌克兰第二、三产业占 GDP 比重的走势与白俄罗斯比较相近，从 1992 年开始，其第二、三产业占 GDP 比重较高，大约为 80%，一直在逐渐上升，2000 年有小小的滑坡，但很快恢复，2007 年开始又渐渐下降，到 2014 年第二、三产业占 GDP 比重 80% 左右；乌克兰第二产业占比变化幅度比较大，1992—1993 年从 50% 下降到 40%，随即又快速上升，接着下降，其间虽有小幅度的上升，但总体是下降趋势，到 2014 年已下降到 25% 左右，这说明乌克兰近年来第三产业对 GDP 的贡献逐渐上升。

自 1992 年独立以来，乌克兰在欧洲地区，不管是经济实力还是人口数量等方面都算是大国，并且在许多领域，尤其是钢材、铁矿石、化肥、电能、煤炭、粮食、甜菜、白砂糖、牛奶等的生产能力可与德、英、法、意等欧洲强国相匹敌，甚至超越他们，从图 3 –8 和图 3 –9 看，乌克兰产业结构逐步向好，第三产业占 GDP 比重越来越大，但在独立之初的发展过程中，乌克兰与欧洲发达国家的距离不断拉大，一直处在社会经济全面危机之中，以财政危机最为深重，经济下滑，国民经济各主要部门的生产水平持续下降，这一方面是由于经济体制转换发生混乱，另一方面是由于恶性通货膨胀造成流动资本贬值。进入 21 世纪以来，政府实行一系列政策，乌克兰经济开始好转，2012 年乌克兰经济保持恢复性增长，宏观经济整体稳定，经济指标小幅上扬，但政府财政拮据状况改观不大。为应对国际金融危机的冲击，乌克兰政府奉行审慎的金融财政政策，进一步压缩财政赤字。工业、农业、交通运输业成为经济增长的主要引擎，近几年农业大丰收使得国家债务增长势头得到遏制，外商直接投资增多，入境游客、从事旅游业的企业以及旅行社、宾馆、旅店、疗养院的数量均逐年增加，旅游业发展前景良好。

7. 波兰

从图3－8和图3－9看，波兰第二、三产业占GDP比重始终为95%左右，在欧洲国家中名列前茅，并且统计数据没有太大波动；波兰第二产业占GDP比重在欧洲国家中算是比较稳定的，1995—2013年保持在35%左右，1995—2002年有小幅度的下降，随后基本保持稳定，说明波兰产业结构较其他国家更为稳定，且第三产业对GDP的贡献比较大。

独立后的波兰，开始在国际货币基金组织和世界银行的帮助下，制订了适合本国国情的经济转轨方案，推行“休克疗法”的改革措施，对国有资产实施私有化改革，建立市场经济体制。相关措施对波兰工业发展起到了关键促进作用，其中采矿业以煤和褐煤最为主要，煤炭储量居欧洲前列，主要矿产有煤、硫黄、铜、锌、铅、铝、银等，琥珀储量丰富，价值近千亿美元，是世界琥珀生产大国，与波兰工业产值增长相伴随的是波兰工业结构的彻底改变。波兰工业在GDP中所占比重呈缓慢而稳定的下降趋势，但其经济和产品质量却有了明显的提高，这是服务业和贸易快速发展及工业结构从重工业向消费工业转换的结果，此外，波兰工业正在进行大规模的结构和技术调整，国家经济特别重要的部门，如燃料和能源、钢铁、国防、重型化工、制药、纺织服装及一些高技术工业已经实现了体制改革，并逐步取得相关国际质量认证。

8. 罗马尼亚

从图3－8和图3－9看，罗马尼亚第二、三产业占GDP比重1992—2014年一直在增长，22年间从80%增长到近100%，比较稳定；但第二产业占GDP比重变化幅度比较大，1992—2003年总体下降，2003—2013年又逐渐上升，2013—2014年下降幅度很大，直接从42%左右下降到25%左右。

苏联解体后罗马尼亚开始由计划经济向市场经济过渡，2000—2008年经济连年增长，其经济在经济危机之前显现出快速增长的势头，2013年，罗马尼亚经济增长3.5%，增速在28个欧盟成员国中位列第一，其经济以工业为主，其中机械制造、石油化工、石油提炼、电力、钢铁等较为重要，罗马尼亚轻纺工业也较发达，计算机业尤为发达；农业生产现代化水平不断提高，主要作物有小麦、玉米、向日葵、甜菜、马铃薯、亚麻等，葡萄和水果等园艺业较发达，畜牧业产值在农业总产值中占40%以上，现代化养畜场日益发展，主要饲养猪、牛、羊等。罗马尼亚旅游资源比较丰富，主要旅游点有布加勒斯特、黑海海滨、多瑙河三角洲。

9. 捷克

从图3－8和图3－9看，捷克第二、三产业占GDP比重很高而且比较稳定，保持在95%左右；第二产业占GDP比重相对也比较稳定，为35%～40%，1993—1995年有略微上升，而后缓慢下降，虽有起伏，但幅度较小。捷克主要有机械制造、化工、冶金、纺织、制鞋、木材加工，玻璃制造和啤酒酿造等工业部门，工业基础雄厚，同时旅游业也是捷克经济收入的重要来源。

10. 斯洛伐克

从图3－8和图3－9看，斯洛伐克第二、三产业和第二产业占GDP比重与捷克比较相似，只不过斯洛伐克的第二产业占GDP比重相对小于捷克，斯洛伐克早年为农业区，基本无工业区。1993年斯洛伐克推行市场经济，加强宏观调控，调整产业结构，改善企业环境，大力吸引外资，逐渐形成以汽车、电子产品为支柱，出口为导向的外向型市场经济。2009年受国际金融危机影响经济出现下滑，2010年实现恢复性增长，2011年起经济增长速度有所放缓。

11. 保加利亚

从图3－8和图3－9看，保加利亚第二、三产业占GDP比重相对起伏比较大，1996—1997年减幅明显，从90%左右下降到了80%，随后又慢慢地增长，到2014年已经恢复到95%左右；第二产业占GDP比重变化幅度也比较明显，1992—1996年下降近25个百分点，随后维持在30%左右。

12. 匈牙利

从图3－8和图3－9看，匈牙利第二、三产业占GDP比重与捷克比较相似，占GDP比重95%左右，且22年间变化比较小；匈牙利第二产业占GDP比重也比较稳定，为30%左右，基本没有变化。匈牙利农业基础较好，有机农业发展十分迅速，工业方面，计算机、通信器材、仪器、化工和医药等发展较好，投资环境优越，是中东欧地区人均吸引外资最多的国家之一。

拉脱维亚、斯洛文尼亚、爱沙尼亚、克罗地亚、立陶宛五个国家第二、三产业占GDP比重非常相近，而且波动幅度非常小，从90%变化到95%；塞尔维亚第二、三产业占GDP比重增幅相对明显，阿尔巴尼亚第二、三产业占GDP比重增加很明显，尤其是1995—1996年增长了近20个百分点，其他时间都以较小幅度增加；关于第二产业占GDP比重，这几个国家的增幅都比较小，差距也比较小，最高的是斯洛文尼亚，在38%左右浮动，最低的是阿尔巴尼亚，2010年以后在15%左右浮动。

13. 拉脱维亚

拉脱维亚的工业在波罗的海三国居首位，农业居第二位。拉脱维亚独立后，开始推行私有化和市场经济，发行本国货币，实行新的税收政策和独立预算。由于同苏联各加盟共和国的传统贸易关系被破坏，能源和其他进口商品的供应曾遇到严重困难，一度导致工业生产大幅度下降。直到1994年其经济才有所回升，现阶段拉脱维亚的主要工业门类是电子产品、机器制造、食品、轻工、纺织、建材、化工、木材加工等。支柱产业有采矿、加工制造及水电气供应等。

14. 立陶宛

工业是立陶宛的支柱产业，主要由矿业及采石业、加工制造业及能源业组成。其工业门类比较齐全，以食品、木材加工、纺织、化工等为主，机械制造、化工、石油化工等发展迅速，生产的高精度机床、仪表、电子计算机等产品行销全世界80多个国家和地区。农业以水平较高的畜牧业为主，占农产品产值的90%以上。农作物有亚麻、马铃薯、甜菜和各种蔬菜，谷物产量很低。同时服务业是立陶宛国民经济的重要组成部分，2014年服务业从业人口为90.12万人，占就业总人口的63.6%。

15. 斯洛文尼亚

斯洛文尼亚有非常好的工业基础、科技基础。工业较发达，电力工业先进，以黑色冶金、造纸、制药、家具制造、制鞋、食品加工等为主。另有纺织、电子、机械等工业部门。农产品以马铃薯、谷物、水果为主。林业、畜牧业亦重要，主要饲养牛、猪、马、羊、家禽等牲畜。其旅游业比较发达，截至2014年全国共有旅馆饭店企业850家，客房30794间，床位80737张，旅客达248.5万人次，住宿的旅客达772.2万人次。

16. 爱沙尼亚

由于其高速增长的经济，爱沙尼亚经常被称作“波罗的海之虎”。其农业以畜牧业为主，主要饲养奶牛、肉牛和猪。主要农作物有小麦、黑麦、马铃薯、蔬菜、玉米、亚麻和饲料作物。爱沙尼亚是一个旅游资源丰富的国家，森林覆盖率达48%，湖泊岛屿星罗棋布，中世纪古城堡、国家公园、海边度假胜地都是游客不容错过的地方。

17. 阿尔巴尼亚

阿尔巴尼亚工业以食品、轻纺、机械、冶金、动力、建筑材料、化学为主。农作物有小麦、玉米、马铃薯、甜菜等。山区牛羊畜牧业较发达。交通以公路为主。都拉斯、发罗拉为重要海港。输出以沥青、铬矿石、镍铁矿石、铜精矿、烟草、水果为主；输入以工业设备、运输工具、农业机械为主。虽然阿尔巴尼亚经济上相对比较贫穷落后，但其正在艰难地过渡到更加现代化的开放型市场经济。阿尔巴尼亚主要工业部门有食品、纺织、木材、石油、水泥、采矿等。

18. 塞尔维亚

塞尔维亚的经济发展主要基于各种服务业，近年来，服务业约占其GDP比重的63%。塞尔维亚的经济基础相对不错，但由于联合国1992—

1995 年的经济制裁以及在战争中基础设施被严重破坏，其经济损失相当严重。进入 21 世纪，塞尔维亚经济开始好转，此外由于塞尔维亚正准备加入欧盟，这使得塞尔维亚的经济将更加迅速的增长。其主要经济问题是高失业率和巨额贸易赤字。农业在塞尔维亚经济中占有重要地位，其农业土地 512 万公顷，约占国土面积的 66%，主要集中在北部的伏伊伏丁那平原和塞尔维亚中部地区。

19. 克罗地亚

克罗地亚经济以第三产业为主，第二产业为副，农业（第一产业）占 GDP 比重较小；2010 年，其劳动力在第一、二、三产业分布占比分别为 2.7%、32.8% 及 64.5%。克罗地亚森林和水力资源丰富，全国森林面积 207.9 万公顷，森林覆盖率为 43.5%。此外，还有石油、天然气、铝等资源。其主要工业部门有食品加工、纺织、造船、建筑、电力、石化、冶金、机械制造和木材加工等。克罗地亚旅游业发达，是国民经济的重要组成部分和外汇收入的主要来源。其主要风景区有秀丽迷人的亚得里亚海海滨、普利特维采湖群和布里俄尼岛等国家公园。旅游业一直是克罗地亚政府着力发展的重点行业，在克罗地亚经济发展中占据重要的地位。

第三节　本章小结

中国在大规模引进外资的同时，伴随着大量资本的流出。本章准确分析了中国对外直接投资的现状：①从投资速度和投资规模来看，中国在加入世界贸易组织以后对外直接投资增长迅速，目前全球 80% 以上的国家（地区）都有来自中国的投资。②从对外直接投资的主体结构来看，有限责任公司是中国进行对外直接投资最活跃的群体，而国有企业作为对外直接投资主体的数量占境内对外直接投资主体的数量的比重在不断下降。③从对外直接投资的行业特征来看，第三产业的对外直接投资金额明显高于第二产业和第一产业，同时，劳动密集型产业的对外直接投资金额明显高于资本密集型产业，说明中国的劳动密集型产业正在加速走出国门，这是一个非常明显的结果。同时，我国的资本密集型产业的对外直接投资也在不断增加，这意味着我国的资本密集型产业也在不断融入国际社会中。④从对外直接投资流向的区域分布来看，除去中国香港等传统投资地区，中国对外直接投资多集中在我国的周边地区和非洲、拉丁美洲等发展中国家和地区，随着经济的发展，欧美等发达国家也逐渐成了我国对外直接投资的新热点。

第四章　对外直接投资促进产业结构调整的理论机制

本章拟从理论上厘清对外直接投资对产业结构的调整功能，由于产业结构升级分为产业内结构升级和产业间结构升级两个层面，因此对外直接投资对产业结构的调整也应从这两个层面来考虑。就产业内结构升级而言，主要体现在产业价值链的攀升。而产业间结构升级则体现为产业结构的优化。基于此，本章第一节首先分析对外直接投资对东道国产业内结构升级的影响。接下来在第二节研究对外直接投资如何影响母国产业间结构升级。最后第三节对对外直接投资对产业结构的调整功能进行简短的总结。

本章试图以 Grossman 和 Rossi – Hansberg（2008）的理论框架为基础，并结合郑若谷（2011）的基本研究框架，将外商直接投资（FDI）、对外直接投资（OFDI）具体化为任务的生产转移，纳入基本函数模型，讨论外商直接投资、对外直接投资与一国产业结构调整的关系。与他们有所区别的是：①Grossman 和 Rossi – Hansberg（2008）本身的模型主要讨论国际外包是通过哪些途径对发达国家高低技术工人的工资产生影响；本章则在其模型基础上研究对外直接投资通过何种途径对一国产业结构调整产生影响，尤其区分了对外直接投资对东道国产业内结构升级和母国产业间结构升级的影响。②郑若谷（2011）分析的是外包对承接国产业结构调整的影响，本章则基于研究目的，考虑中国对外直接投资对东道国产业结构调整的影响。

第一节　对外直接投资与东道国产业内结构升级

一、基本函数模型

假设存在两个国家，发达国家 N 和发展中国家 S；两个产业 X 和 Y；两种要素低技术劳动 L 和高技术劳动 H。假定国家 N 和国家 S 的技术水平是不同的，但均假定是希克斯中性的，国家 N 的技术水平 $A^N=1$，国家 S 的技术水平 $A^S>1$①，即发展中国家的技术水平要比发达国家的低，这意味着当发展中国家与发达国家的企业生产任何一类具有相同要素密集度的任务的时候，其产出只有发达国家的 $1/A$。每个产业生产由一系列连续的任务（tasks）组成，每个任务由某一种特定的生产要素进行生产，且两类任务具有一定替代性。需要低技术劳动进行生产产品部分，定义为低技术任务，而需要高技术劳动进行生产产品部分，定义为高技术任务，相应的对外直接投资可分别称为制造业对外直接投资和服务业对外直接投资。同时将每一产业的两类任务范围的测度都正规化为 1。每生产一单位产业 j 的任务 k（$j=X$，Y；$k=L$，H）的要素需求为 $a_{fj}(f=L，H)$。同时假定两类产业的要素密集度不同，假设 X 为高技术密集型产业，而 Y 为低技术密集型产业，则 $a_{Hx}/a_{Lx}>a_{Hy}/a_{Ly}$。

下面考虑对外直接投资，基于本章研究目的，中国对“一带一路”沿线国家的投资多以制造业为主，且制造业对外直接投资和服务业对外直接投资所需的成本也有所差异，因此本节重点探究制造业外商对外直接投资对东道国产业内结构升级的影响，即低技术任务转移至海外进行生产。首

① 本文沿用 Grossman 和 Rossi－Hansberg（2008）的假设。

先将低技术任务指数化为 $i(i\in[0,1])$，并按照对外直接投资成本递增的顺序进行排序。国家 N 在国家 S 设立工厂，进行直接投资，选择利用国家 S 低技术劳动进行生产，生产一单位产业 j 的任务 i 需要 $\beta t_j(i)a_{Lj}$ 单位的低技术劳动力，其中 β 是一个转移参数，反映的是对外直接投资技术水平变化，如制度的完善度、交通运输以及技术革新导致的改变对成本的影响，这些因素会在 β 中反映出来。$t_j(i)$ 表示对外直接投资的成本函数，连续可导，且满足 $t_j'(i)>0$，即对外直接投资成本是关于对外直接投资外延范围严格递增的，同时还满足 $\beta t_j(i)>1$①，就是生产一单位产业 j 的任务 i，国家 S 需要比国家 N 更多的要素投入，这并不是由于技术差距导致的，而是由于对外直接投资的成本导致。由于信息交流技术在各类产业之间广泛存在，本文假设关于任务 i，低技术密集型产业 Y 和高技术密集型产业 X 的对外直接投资成本相同，即 $t_x(i)=t_y(i)=t(i)$。

当产品和任务可以自由贸易时，国家 N 的企业在国家 S 生产一单位产业 j 的任务 i 的生产成本为 $W^S\beta t_j(i)a_{Lj}$，而国际贸易成本为 W^Na_{Lj}，其中 W^S 和 W^N 分别表示国家 S 和国家 N 的低技术劳动投入回报。在第 I 个任务时，企业通过对外直接投资和国际贸易两种方式是无差异的，即

$$W^N=\beta t(I)W^S \tag{4.1}$$

假设 $W^N>\beta t(I)W^S$，这保证了国家 N 根据成本优势决定对外直接投资是有利可图的。对于国家 N 的企业而言，在完全竞争条件下，企业生产一单位产品的价格等于其单位成本，从而有零利润条件：

$$p_j=W^Na_{Lj}(1-I)+W^Sa_{Lj}\int_0^I t(i)\,di+q^Na_{Hj}\quad j=X,Y \tag{4.2}$$

其中 p_j 为一单位产品的价格，q^N 为高技术劳动的工资。由于高技术任务与低技术任务之间具有一定的替代性，因此在使单位成本最小化时可以

① Grossman 和 Rossi－Hansberg（2008）假设 $\beta t_j(i)\geq 1$，他们是考虑发展中国家承接发达国家外包的情况，本文分析与其视角相同。

对不同要素密集度的任务组合进行选择，从而 a_{Lj} 和 a_{Hj} 就成了可以选择的变量，也就是说单位要素需求是高低技术任务相对平均要素成本的函数。式（4.2）中第一部分表示低技术任务在国家 N 中生产，即为国内生产部分成本，第二部分表示低技术任务在国家 S 中生产，即为对外直接投资生产部分成本，第三部分表示高技术任务的生产成本。

令 $\Omega(I) = 1 - I + \dfrac{\int_0^I t(i)\,di}{t(I)}$，结合式（4.1），从而式（4.2）变形为：

$$p_j = W^N a_{Lj}\Omega(I) + q^N a_{Hj} \quad j = X, Y \tag{4.3}$$

式（4.3）中 $W^N\Omega(I)$ 为生产一单位产品使用的低技术劳动的平均成本，而 q^N 为生产一单位产品使用高技术劳动的平均成本，则相对平均成本为 $W^N\Omega(I)/q^N$，即国家 N 中 a_{fj} 是 $W^N\Omega(I)/q^N$ 的函数，将 X 产业价格作为计价单位，则两个产业在国家 N 的零利润条件为：

$$1 = W^N\Omega a_{Lx}\left(\frac{W^N\Omega}{q^N}\right) + q^N a_{Hx}\left(\frac{W^N\Omega}{q^N}\right) \tag{4.4}$$

$$p = W^N\Omega a_{Ly}\left(\frac{W^N\Omega}{q^N}\right) + q^N a_{Hy}\left(\frac{W^N\Omega}{q^N}\right) \tag{4.5}$$

由于本节主要考察对外直接投资对一国产业内结构升级的作用机制，因此这里模型中主要考虑国家 S 的市场表现。在不完全专业化的条件下，国家 S 的企业也会从事两类产业的生产，同时在自由贸易的条件下，这意味着存在可调整的要素价格均等化（adjusted factor price equalization），因此两国各类要素的平均成本相等，即 $W^N\Omega = W^S A$，$q^N = q^S A$。完全竞争条件下，发展中国家产品价格等于平均单位成本，则国家 S 的零利润条件为：

$$1 = AW^S a_{Lx}\left(\frac{W^S}{q^S}\right) + Aq^S a_{Hx}\left(\frac{W^S}{q^S}\right) \tag{4.6}$$

$$p = AW^S a_{Ly}\left(\frac{W^S}{q^S}\right) + Aq^S a_{Hy}\left(\frac{W^S}{q^S}\right) \tag{4.7}$$

其中，W^S/q^S 为国家 S 中的高技术劳动和低技术劳动的相对平均成本。即国家 S 中 a_{fj} 是 W^S/q^S 的函数。国家 S 中的要素市场出清条件则为：

$$Aa_{Lx}\left(\frac{W^S}{q^S}\right)x^S + Aa_{Ly}\left(\frac{W^S}{q^S}\right)y^S + \left[a_{Lx}\left(\frac{W^N\Omega}{q^N}\right)x^N + a_{Ly}\left(\frac{W^N\Omega}{q^N}\right)y^N\right]\beta\int_0^I t(i)\,di = L^S \tag{4.8}$$

$$Aa_{Hx}\left(\frac{W^S}{q^S}\right)x^S + Aa_{Hy}\left(\frac{W^S}{q^S}\right)y^S = H^S \tag{4.9}$$

即国家 S 的低技术劳动由三部分构成：从事 X 产业的低技术任务工人，从事 Y 产业的低技术任务工人，以及国家 N 投资于国家 S 的企业在当地雇用低技术工人从事的生产。

将式（4.8）和式（4.9）进一步可以简化为①：

$$a_{Lx}x^S + a_{Ly}y^S = \frac{L^S}{A} - \frac{L^N}{1-I} + \frac{L^N}{\Omega} \tag{4.10}$$

$$a_{Hx}x^S + a_{Hy}y^S = \frac{H^S}{A} \tag{4.11}$$

二、工资差距变化

令 $L^S = mL^N$，即假设发达国家低技术劳动力数量是发展中国家的 m 倍，则 $L = \frac{L^S}{A} - \frac{L^N}{1-I} + \frac{L^N}{\Omega} = L^S\left(\frac{1}{A} - \frac{m}{1-I} + \frac{m}{\Omega}\right)$，令 $H = H^S/A$，L 和 H 分别表示国家 S 市场出清时低技术劳动和高技术劳动供给。对式（4.10）和式（4.11）进一步变形可得：

$$\frac{Aa_{Lx}w^s}{1} \times \frac{1 \times x^s}{GDP^s} + \frac{Aa_{Ly}w^s}{p} \times \frac{py^s}{GDP^s} = \frac{Aw^sL}{GDP^s} \tag{4.12}$$

$$\frac{Aa_{Hx}q^s}{1} \times \frac{1 \times x^s}{GDP^s} + \frac{Aa_{Ly}q^s}{p} \times \frac{py^s}{GDP^s} = \frac{Aq^sL}{GDP^s} \tag{4.13}$$

① 因为 $\frac{1}{(1-I)A}\beta\int_0^I t(i)\,di = \frac{1}{1-I} - \frac{1}{\Omega}$，这可由 Ω 和 $A = \beta t(I)\,\Omega(I)$ 推导得出。

由于只有两个产业 X 和 Y，因此 $GDP = wL + qH = x + py$，a_x 和 a_y 分别表示产业 X 和产业 Y 在经济体中的比重，θ_{Lj}和 θ_{Hj}分别表示一单位产品所使用的低技术劳动和高技术劳动成本在总成本中的比重。则国家 S 的市场出清条件式（4.12）和式（4.13）可变形为：

$$\frac{AW^S L}{GDP^S} = \alpha_x \theta_{Lx} + \alpha_y \theta_{Hx} \tag{4.14}$$

$$\frac{Aq^S H}{GDP^S} = \alpha_x \theta_{Ly} + \alpha_y \theta_{Hy} \tag{4.15}$$

同时将式（4.15）与式（4.14）相除，取对数并求导可得：

$$\widehat{q^s} - \widehat{w^s} + \widehat{\left(\frac{H}{L}\right)} = \frac{\alpha_x \theta_{Ly}}{\alpha_x \theta_{Ly} + \alpha_y \theta_{Hy}} \widehat{\theta_{Ly}} + \frac{\alpha_y \theta_{Hy}}{\alpha_x \theta_{Ly} + \alpha_y \theta_{Hy}} \widehat{\theta_{Hy}} - \frac{\alpha_x \theta_{Lx}}{\alpha_x \theta_{Lx} + \alpha_y \theta_{Hx}} \widehat{\theta_{Lx}} - \frac{\alpha_y \theta_{Hx}}{\alpha_x \theta_{Lx} + \alpha_y \theta_{Hx}} \widehat{\theta_{Hx}} + \frac{\alpha_x \theta_{Ly}}{\alpha_x \theta_{Ly} + \alpha_y \theta_{Hy}} \widehat{\alpha_x} + \frac{\alpha_y \theta_{Hy}}{\alpha_x \theta_{Ly} + \alpha_y \theta_{Hy}} \widehat{\alpha_y} - \frac{\alpha_x \theta_{Lx}}{\alpha_x \theta_{Lx} + \alpha_y \theta_{Hx}} \widehat{\alpha_x} - \frac{\alpha_y \theta_{Hx}}{\alpha_x \theta_{Lx} + \alpha_y \theta_{Hx}} \widehat{\alpha_y} \tag{4.16}$$

为简化分析，假定消费者效用函数为 $C-D$ 型，从而消费者对两种产品的消费份额是一个定值，即表明$\widehat{\alpha_x} = \widehat{\alpha_y} = 0$。令 $\sigma_j = -d\ln(a_{Hj}/a_{Lj})/d\ln(q/W)$ 表示高低技术相对要素需求关于相对工资的弹性，从而有$\widehat{\theta_{Hj}} = \theta_{Lj}(1-\sigma_j)(\widehat{q}-\widehat{w})$，$\widehat{\theta_{Lj}} = -\theta_{Hj}(1-\sigma_j)(\widehat{q}-\widehat{w})$，带入式（4.16）可变形为：

$$(1-\Psi)(\widehat{q^s} - \widehat{W^s}) = -\widehat{\left(\frac{H}{L}\right)} \tag{4.17}$$

其中 $\Psi = \frac{\alpha_x \theta_{Hx}\theta_{Lx}(1-\sigma_x) + \alpha_y \theta_{Hy}\theta_{Ly}(1-\sigma_y)}{(\alpha_x \theta_{Ly} + \alpha_y \theta_{Hy})(\alpha_x \theta_{Lx} + \alpha_y \theta_{Hx})}$，将 L 和 H 代入式（4.17）则有：

$$(1-\Psi)(\widehat{q^s} - \widehat{W^s}) = u_1(-\widehat{A}) - u_2\widehat{\left(\frac{dI}{1-I}\right)} + u_3(-\widehat{\Omega}) \tag{4.18}$$

其中，$u_1=\frac{1/A}{1/A-m/(1-I)+m/\Omega}-1$，$u_2=\frac{m/1-I}{1/A-m/(1-I)+m/\Omega}$，$u_3=\frac{m/\Omega}{1/A-m/(1-I)+m/\Omega}$

国家 S 的工资差距受到了（$-\widehat{A}$）、$\frac{dI}{1-I}$、（$-\widehat{\Omega}$）和（$-\widehat{p}$）四种机制的影响。其中，（$-\widehat{A}$）代表技术溢出效应及负的技术进步，反映了国家 N 向国家 S 直接投资后所带来的培训、“干中学”等技术进步所致的经济影响。$\frac{dI}{1-I}$表示要素供给效应，即国家 S 承接对外直接投资会影响生产要素供给，以及由此带来的经济影响。（$-\widehat{\Omega}$）表示生产率效应及负的生产率增加，反映了由于对外直接投资带来的技术变化，进而带来企业生产成本的改变，从而对企业生产效率产生的影响，进而对经济产生影响。（$-\widehat{p}$）表示价格效应及负的相对价格降低，反映的是对外直接投资改变了均衡的贸易模式，进而产品相对价格变化对经济产生影响。

三、产业内结构的变化

对式（4.6）和式（4.7）进行变形得到：

$$\frac{1\times x^s}{GDP^s}=\frac{w^sL}{GDP^s}\times\frac{Aa_{Lx}x^s}{L}+\frac{q^sH}{GDP^s}\times\frac{Aa_{Hx}x^s}{H} \tag{4.19}$$

$$\frac{p\times y^s}{GDP^s}=\frac{w^sL}{GDP^s}\times\frac{Aa_{Ly}y^s}{L}+\frac{q^sH}{GDP^s}\times\frac{Aa_{Hy}y^s}{H} \tag{4.20}$$

在贸易平衡情况下，国家 S 的 GDP 为国内各类生产要素之和（$W^SL^S+q^SH^S$），令低技术劳动收入占 GDP 份额为 α_L，高技术劳动收入占 GDP 份额为 α_H，则 $\alpha_L+\alpha_H=1$。令 $\lambda_{fj}=a_{fj}j/f(f=L,\ H;\ j=x,\ y)$ 表示一单位产品使用要素 f 的需求份额，从而 $\lambda_{fx}+\lambda_{fy}=1$。令 $\gamma_f=-d\ln\ (a_{fx}/a_{fy})/d\ln(y/x)$，进一步对式（4.19）和式（4.20）进行变形得到：

$$\frac{1 \times x^s}{GDP^s} = A\alpha_L\lambda_{Lx} + A\alpha_H\lambda_{Hx} \tag{4.21}$$

$$\frac{p \times y^s}{GDP^s} = A\alpha_L\lambda_{Ly} + A\alpha_H\lambda_{Hy} \tag{4.22}$$

对文中式（4.22）和式（4.21）相除取对数，并求导，可得：

$$\widehat{p} + \widehat{y^s} - \widehat{x^s} = \frac{\alpha_L\lambda_{Ly}}{\alpha_L\lambda_{Ly} + \alpha_H\lambda_{Hy}}\widehat{\lambda_{Ly}} + \frac{\alpha_H\lambda_{Hy}}{\alpha_L\lambda_{Ly} + \alpha_H\lambda_{Hy}}\widehat{\lambda_{Hy}} - \frac{\alpha_L\lambda_{Lx}}{\alpha_L\lambda_{Lx} + \alpha_H\lambda_{Hx}}\widehat{\lambda_{Lx}} - \frac{\alpha_H\lambda_{Hx}}{\alpha_L\lambda_{Lx} + \alpha_H\lambda_{Hx}}\widehat{\lambda_{Hx}} + \frac{\alpha_L\lambda_{Ly}}{\alpha_L\lambda_{Ly} + \alpha_H\lambda_{Hy}}\widehat{\alpha_L} + \frac{\alpha_H\lambda_{Hy}}{\alpha_L\lambda_{Ly} + \alpha_H\lambda_{Hy}}\widehat{\alpha_H} - \frac{\alpha_L\lambda_{Lx}}{\alpha_L\lambda_{Lx} + \alpha_H\lambda_{Hx}}\widehat{\alpha_L} - \frac{\alpha_H\lambda_{Hx}}{\alpha_L\lambda_{Lx} + \alpha_H\lambda_{Hx}}\widehat{\alpha_H} \tag{4.23}$$

令 $\gamma_f = -d\ln(a_{fy}/a_{fx})/d\ln(y/x)$ 表示某一要素两个产业相对单位需求变化关于产业结构变化的弹性，从而 $\widehat{\lambda_{Ly}} = \lambda_{Lx}\ (1 - r_L)(\widehat{y} - \widehat{x})$，$\widehat{\lambda_{Hy}} = \lambda_{Hx}\ (1 - r_H)(\widehat{y} - \widehat{x})$，$\widehat{\lambda_{Ly}} = -\lambda_{Ly}\ (1 - r_L)(\widehat{y} - \widehat{x})$，$\widehat{\lambda_{Hx}} = -\lambda_{Hy}\ (1 - r_H)(\widehat{y} - \widehat{x})$。代入式（4.23）则有：

$$(1 - \Phi)(\widehat{y^s} - \widehat{x^s}) = -\widehat{p} - \frac{(\lambda_{Hx}\lambda_{Ly} - \lambda_{Ls}\lambda_{Hy})\alpha_L\alpha_H(\widehat{\alpha_H} - \widehat{\alpha_L})}{(\alpha_L\lambda_{Ly} + \alpha_H\lambda_{Hy})(\alpha_L\lambda_{Lx} + \alpha_H\lambda_{Hx})} \tag{4.24}$$

其中，$\Phi = \frac{\alpha_L\lambda_{Ly}\lambda_{Lx}(1 - r_L) + \alpha_H\lambda_{Hy}\lambda_{Hx}(1 - r_H)}{(\alpha_L\lambda_{Ly} + \alpha_H\lambda_{Hy})(\alpha_L\lambda_{Lx} + \alpha_H\lambda_{Hx})}$，而 $(\widehat{\alpha_H} - \widehat{\alpha_L}) = \widehat{q^S} - \widehat{W^S} + (\widehat{H} - \widehat{L})$，结合式（4.17）和式（4.18）可得：

$$(1 - \Phi)(\widehat{y^s} - \widehat{x^s}) = -\widehat{p} - \Theta\frac{\Psi}{1 - \Psi}\left[u_1(-\widehat{A}) - u_2\frac{dI}{1 - I} + u_3(-\widehat{\Omega})\right] \tag{4.25}$$

根据式（4.25）可以发现，国家 S 的产业内结构受到了 $(-\widehat{A})$、$\frac{dI}{1-I}$、$(-\widehat{\Omega})$ 和 $(-\widehat{p})$ 四种机制的影响。其中，$(-\widehat{A})$ 代表技术溢出效应及负的技术进步，反映了国家 N 向国家 S 直接投资后所带来的技术进步对东道国产业内结构升级产生的影响。$\frac{dI}{1-I}$表示要素供给效应，即国家 S 承接对外直接投资后所产生的生产要素供给的变化对东道国产业内结构升级带来的影响。$(-\widehat{\Omega})$ 表示生产率效应及负的生产率增加，即由于国家 N 对国家 S 进行直接投资后对国家 S 的企业生产成本产生影响，带来东道国生产效率的变动，进一步影响东道国产业内结构升级。$(-\widehat{p})$ 表示价格效应及负的相对价格降低，即由于对外直接投资带来了产品相对价格发生变化，进而对国家 S 产业内结构升级造成影响。

综上，通过将制造业对外直接投资视为低技术任务的生产转移纳入基本函数模型发现，对外直接投资通过技术溢出效应、要素供给效应、生产率效应和价格效应对东道国产业内结构升级产生影响。

第二节　对外直接投资与母国产业间结构升级

一、基本函数模型

假设世界上存在两个国家：较发达国家 D 和较不发达国家 U；两个产业 X 和 Y；两种要素：低技术劳动 N 和高技术劳动 H，其余假设也一致。在现实生活中，低技术密集型产业顺梯度对外直接投资与高技术密集型产业逆梯度对外直接投资相比，他们对产业间结构升级的作用并不相同，如华为、中兴等高技术制造业企业，其由于跨国企业的性质、前期积累的海外资源以及与目的国技术较接近等特点，有利于逆向技术溢出的吸收以及促进母国相关产业的发展。而如耳机、纽扣等传统加工制造业顺梯度向发展中国家产业转移，有利于转移我国的过剩产能以及落后产业，进而促进新兴产业的发展，但其所产生的逆向技术溢出则较少。也就是说，对外直接投资对产业的促进作用与产业本身性质是相关的。这里，笔者暂时不考虑高技术密集型产业逆梯度对外直接投资，而只先考虑低技术密集型产业顺梯度对外直接投资的情形。首先笔者将低技术任务指数化为 $i(i \in [0, 1])$，并按照对外直接投资成本递减的顺序进行排序。国家 D 想要在国家 U 中进行生产任务 i，可以通过国际贸易和对外直接投资两种方式进行，通过国际贸易方式，国家 D 的企业需要支付要素投入为 $\lambda a_{Nj}(x)$，其中 $\lambda > 1$ 为运输损耗。通过对外直接投资的方式，国家 D 在国家 U 投资设立工厂，选择利用国外低技术劳动进行生产，则生产一单位产业 j 的任务 i 需要 $\lambda\beta t_j(i) a_{Nj}$ 单位的要素投入①，其中 β 是一个转移参数，反映的是对对外直接投资成本造成影响的外生因素，如东道国制度的完善度、对外投资的壁垒以及技术革新导致的改变对对外直接投资成本的影响，这些因素会在 β 中反映出来，特别需要指出的是，随着顺梯度对外直接投资外延的扩大，我们假设 β 呈现先变小再变大的非线性函数关系②。$t_j(i)$ 表示对外直接投资的成本函数，连续可导，且满足 $t_j'(i) < 0$，即当 β 不变时，对外直接投资成本是关于对外直接投资技术外延范围严格递减的，同时还满足 $\beta t_j(i) > 1$③，就是生产一单位产业 j 的任务 i，发展中国家需要比发达国家更多的要素成本投入。由于信息交流技术在各类产业之间广泛存在，本文假设关于任务 i，低技术密集型产业 Y 和高技术密集型产业 X 的对外直接投资成本相同，即 $t_x(i) = t_y(i) = t(i)$。国家 D 企业在国家 U 生产一单位产业 j 的任务 i 的生产成本为 $q^U \lambda\beta t_j(i) a_{Nj}$，而国际贸易成本为 $q^D \lambda a_{Nj}$，其中 q^D 和 q^U 分别表示国

① 这里假设，无论采用国际贸易或是对外直接投资进行中间投入品的生产，运输损耗是相同的。

② 在顺梯度对外直接投资外延开始扩张的初期，技术革新以及东道国制度完善度的降低对对外直接投资成本的作用大于外资进入壁垒增加投资成本的作用，但随着逆梯度对外直接投资外延的不断扩张，东道国经济受到威胁，进而外资进入壁垒的作用加大，造成整体对外直接投资成本的上升。从我国众多企业对外直接投资非洲企业受阻的案例可以得到验证。

③ Grossman 和 Rossi – Hansberg（2008）假设 $\beta t_j(i) \geqslant 1$，他们是考虑发展中国家承接发达国家外包的情况，本文分析与其视角相同。

家 D 和国家 U 的低技术劳动投入回报①。由于两个产业的成本分布相同，因此边际任务具有相同的指数值 $I(0\leqslant I\leqslant 1)$，在第 I 个任务时，企业通过对外直接投资和国际贸易两种方式是无差异的，即

$$q^{U}\beta t_{j}(I) = q^{D} \tag{4.26}$$

假设 $q^{U}\lambda\beta t_{j}(i)a_{Nj}<q^{D}\lambda a_{Nj}$，则保证了国家 D 根据成本优势决定对外直接投资是有利可图的。

对于国家 D 的企业而言，在完全竞争条件下，企业生产一单位产品的价格等于其单位成本，从而有零利润条件：

$$p_{j} = Aq^{D}\int_{I}^{1}a_{Nji}(\cdot)di + Aq^{U}\int_{0}^{I}a_{Nji}(\cdot)\beta t(i)di + Aw^{D}a_{Hj}(\cdot) \quad j = X,Y \tag{4.27}$$

其中 p_{j} 为一单位产品的价格，w^{D} 为国家 D 中高技术劳动的工资，由于低技术任务与高技术任务之间具有一定的替代性，因此在单位成本最小化时可以对不同要素密集度的任务组合进行选择，从而 $a_{Nj}(\cdot)$ 和 $a_{Hj}(\cdot)$ 成为可选择的变量，即单位要素投入是高技术任务和低技术任务相对平均要素成本的函数。为了简化分析，由于国家 D 和国家 U 的低技术任务为同一种投入要素，则式（4.27）可以简化为：

$$p_{j} = Aq^{D}a_{Nj}(\cdot)(1 - I) + Aq^{U}a_{Nj}(\cdot)\int_{0}^{I}\beta t(i)di + Aw^{D}a_{Hj}(\cdot) \quad j = X,Y \tag{4.28}$$

利用技术专利要素回报的关系式，式（4.28）可变形为：

$$p_{j} = Aq^{D}a_{Nj}(\cdot)\Omega(I) + Aw^{D}a_{Hj}(\cdot) \tag{4.29}$$

其中 $\Omega(I) = 1 - I + \dfrac{\int_{0}^{I}t(i)di}{t(I)}$　　(4.30)

式（4.29）右边第一部分表示生产一单位产品中低技术任务的生产成

① 这里为了简化分析，我们将国内技术专利的投资回报假设为一个统一的值 q^{D}，而将国外技术专利的投资回报看为另一个统一的值 q^{C}。

本，即 $Aq^D\Omega(I)$ 为生产一单位产品使用低技术劳动投入的平均成本，而 Aw^D 则表示生产一单位产品使用的高技术劳动的平均成本，相对平均成本可以表示为 $q^D\Omega(I)/w^D$，则 a_{fj} 是 $q^D\Omega(I)/w^D$ 的函数。同时通过 $t(i)$ 的单调性可得 $\Omega(I)<1(I>0)$。将 X 产业价格作为计价单位，从而国家 D 中两个产业的零利润条件分别为：

$$1 = Aq^D a_{NX}\left(\frac{q^D\Omega(I)}{w^D}\right)\Omega(I) + Aw^D a_{HX}\left(\frac{q^D\Omega(I)}{w^D}\right) \tag{4.31}$$

$$p = Aq^D a_{NY}\left(\frac{q^D\Omega(I)}{w^D}\right)\Omega(I) + Aw^D a_{HY}\left(\frac{q^D\Omega(I)}{w^D}\right) \tag{4.32}$$

接下来考虑国家 D 要素市场出清，对于低技术任务而言，两个产业均只有 $(1-I)$ 比例的国内生产，从而低技术任务市场出清条件为：

$$Aa_{Nx}\left(\frac{q^D\Omega(I)}{w^D}\right)x^D + Aa_{Ny}\left(\frac{q^D\Omega(I)}{w^D}\right)y^D = \frac{N^D}{1-I} \tag{4.33}$$

高技术劳动不存在对外直接投资，因此，高技术任务市场出清条件为：

$$Aa_{Hx}\left(\frac{q^D\Omega(I)}{w^D}\right)x^D + Aa_{Hy}\left(\frac{q^D\Omega(I)}{w^D}\right)y^D = H^D \tag{4.34}$$

二、逆向技术溢出

国家 D 的企业从事两类产业的生产，在对外直接投资和国际贸易的条件下，则存在可调整的要素价格均等化（adjusted factor price equalization），即两国各类要素的平均成本相等，即 $Aq^D\Omega(I)=q^U$，则：

$$A = \frac{1}{\beta t(I)\Omega(I)} = \left[\beta t(I)\left(1 - I + \frac{\int_0^I t(i)\,di}{t(I)}\right)\right]^{-1} \tag{4.35}$$

式（4.35）说明国家 D 的技术水平与顺梯度对外直接投资存在一定的关系，为此，对式（4.35）求导得到：

$$\frac{\partial A}{\partial I} = -\left[t(I)\Omega(I)\frac{\partial\beta}{\partial I} + \beta(1-I)\frac{\partial t(I)}{\partial I}\right]\left[\beta t(I)\Omega(I)\right]^{-2} \tag{4.36}$$

式（4.36）中$\frac{\partial t(I)}{\partial I}<0$，当$0<I<I^*$时，$\frac{\partial \beta}{\partial I}<0$，当$0<I^*<I<1$时，$\frac{\partial \beta}{\partial I}>0$，即说明顺梯度对外直接投资范围的扩大是否存在有利的逆向技术溢出取决于对外直接投资成本函数和外生因素对对外直接投资成本造成影响的综合作用。当对外直接投资范围较小时，即$0<I<I^*$，$\frac{\partial \beta}{\partial I}<0$时，则$\frac{\partial A}{\partial I}>0$，即顺梯度对外直接投资范围的扩大对国家$D$产生了不利的逆向技术溢出；当对外直接投资外延扩大到一定程度，$\frac{\partial \beta}{\partial I}>0$且$\left|t(I)\Omega(I)\frac{\partial \beta}{\partial I}\right|>\left|\beta(1-I)\frac{\partial t(I)}{\partial I}\right|$时，则$\frac{\partial A}{\partial I}<0$，即顺梯度对外直接投资范围的扩大对国家$D$产生了积极的逆向技术溢出。随着对外直接投资范围的扩大，成本函数呈递减态势可以看成企业自身技术以及承接逆向技术溢出的能力在提高，而转移参数β的变化可看成外生因素的变化对逆向技术溢出的作用。这是由于当顺梯度对外直接投资到达一定范围时，将会产生较大的规模效应和聚集效应，从而使技术外溢会有所变化。由此，我们得到，顺梯度对外直接投资对母国是否产生积极的逆向技术溢出取决于母国和东道国的共同作用。从母国角度来看，母国企业自身承接技术外溢的能力越强，则逆向技术溢出的积极作用越大；从东道国来看，东道国的制度完善程度和技术革新程度越强，则产生的逆向技术溢出积极作用越大，接受投资壁垒程度越强，则产生的逆向技术溢出积极作用越弱。

三、要素价格的变化

对国家D市场出清条件式（4.31）和式（4.32）进行变形有：

$$\frac{Aa_{N_x}q^D}{1}\times\frac{x^D}{GDP^D}+\frac{Aa_{N_y}q^D}{p}\times\frac{py^D}{GDP^D}=\frac{q^DN^D}{GDP^D(1-I)}\qquad(4.37)$$

$$\frac{Aa_{Hx}w^D}{1} \times \frac{1 \times x^D}{GDP^D} + \frac{Aa_{Hy}w^D}{p} \times \frac{py^D}{GDP^D} = \frac{w^D H^D}{GDP^D} \tag{4.38}$$

由于假设国家 D 的经济体中只有 X 和 Y 两个生产部门，则国家 D 的 $GDP^D = q^D \frac{N^D}{1-I} + w^D H^D$。令 $\alpha_j = \frac{p_j j}{GDP}$表示产业 j 在经济体中所占的比重，$\alpha_x + \alpha_y = 1$；令 $\theta_{Nj} = \frac{Aa_{Nj}q^D}{p_j}$和 $\theta_{Hj} = \frac{Aa_{Hj}w^D}{p_j}$分别表示一单位产品所使用的国内低技术劳动（生产产品的同时使用了国内低技术劳动和国外低技术劳动）和高技术劳动成本在总成本中所占的比重，这里 $\theta_{Nj} + \theta_{Hj} \neq 1$。式（4.37）和式（4.38）可变形为：

$$\alpha_x\theta_{Nx} + \alpha_y\theta_{Ny} = \frac{q^D N^D}{GDP^D(1-I)} \tag{4.39}$$

$$\alpha_x\theta_{Hx} + \alpha_y\theta_{Hy} = \frac{w^D H^D}{GDP^D} \tag{4.40}$$

用式（4.40）和式（4.39）相除，取对数并求导得到：

$$\widehat{w^D} - \widehat{q^D} + \widehat{\left(\frac{(1-I)H^D}{N^D}\right)} = \frac{\alpha_x \widehat{\alpha_x}\theta_{Hx} + \alpha_x \widehat{\theta_{Hx}}\theta_{Hx} + \alpha_y \widehat{\alpha_y}\theta_{Hy} + \alpha_y \widehat{\theta_{Hy}}\theta_{Hy}}{\alpha_x\theta_{Hx} + \alpha_y\theta_{Hy}} - \frac{\widehat{\alpha_x}\alpha_x\theta_{Nx} + \alpha_x \widehat{\theta_{Nx}}\theta_{Nx} + \alpha_y \widehat{\alpha_y}\theta_{Ny} + \alpha_y \widehat{\theta_{Ny}}\theta_{Ny}}{\alpha_x\theta_{Nx} + \alpha_y\theta_{Ny}} \tag{4.41}$$

为了简化分析，这里假设消费者效用函数为 $C-D$ 型，就是假设消费者对于两种消费品 X 和 Y 消费固定的比例，即表明$\widehat{\alpha_x} = \widehat{\alpha_y} = 0$。令 $\sigma_j = -d\ln\frac{a_{Hj}}{a_{Nj}}/d\ln\frac{w}{q}$表示高技术劳动与低技术劳动相对要素需求关于相对要素回报的弹性，从而可以得到$\widehat{\theta}_{Hj} = \widehat{\theta}_{Nj}(1-\sigma_j)(\widehat{w} - \widehat{q})$，$\widehat{\theta}_{Nj} = -\widehat{\theta}_{Hj}(1-\sigma_j)(\widehat{w} - \widehat{q})$，代入上式并变形为：

$$(\widehat{w^D} - \widehat{q^D})(1-\Psi) = -\widehat{\left(\frac{H^D(1-I)}{N^D}\right)} \tag{4.42}$$

其中 $\Psi = \frac{\alpha_x\theta_{Hx}\theta_{Nx}(1-\sigma_x) + \alpha_y\theta_{Ny}\theta_{Hy}(1-\sigma_y)}{(\alpha_x\theta_{Nx} + \alpha_y\theta_{Ny})(\alpha_x\theta_{Hx} + \alpha_y\theta_{Hy})}$。

这里假设发展中国家低技术劳动要素和高技术劳动要素禀赋保持不变，则$\widehat{N^D}=\widehat{H^D}=0$，则式（4.42）可以变形为：

$$(\widehat{w^D}-\widehat{q^D})(1-\Psi)=-(\widehat{1-I}) \tag{4.43}$$

$\frac{dI}{1-I}$表示要素供给效应，反映了由于对外直接投资发生变化而影响到要素供给变化，由此所带来的经济影响。式（4.43）说明要素供给效应会扩大低技术劳动回报与高技术劳动回报的差距，原因在于当国家 D 顺梯度对外投资于国家 U，将会部分使用国家 U 的低技术劳动，这会导致使用国家 D 的中低技术劳动减少，根据供需原则，这会导致国家 D 的中低技术劳动回报的下降。由此可判断，对外直接投资会因为要素供给效应而扩大母国低技术劳动与高技术劳动回报之间的差距。

由此，可以得到顺梯度对外直接投资会通过要素供给效应来扩大两种要素回报之间的差距。

四、产出结构的变化

对式（4.37）和式（4.38）进行变形：

$$\frac{1\times x^D}{GNP^D}=\frac{q^D\Omega(I)N}{GNP^D}\times\frac{Aa_{Nx}x^D}{N}+\frac{w^DH}{GNP^D}\times\frac{Aa_{Hx}x^D}{H} \tag{4.44}$$

$$\frac{p\times y^D}{GNP^D}=\frac{q^D\Omega(I)N}{GNP^D}\times\frac{Aa_{Ny}y^D}{N}+\frac{w^DH}{GNP^D}\times\frac{Aa_{Hy}y^D}{H} \tag{4.45}$$

其中 $N=Aa_{Nx}x^D+Aa_{Ny}y^D+(Aa_{Nx}x^D+Aa_{Ny}y^D)\beta\int_0^I t(i)\,di$ 。

为简化分析，令 $Aa_{Nx}^Cx^D+Aa_{Ny}^Cy^D=m(Aa_{Nx}x^D+Aa_{Ny}y^D)$，其中 $0<m<\frac{1-I}{\beta\int_0^I t(i)\,di}$①，利用式（4.36）和式（4.31）可简化得到：

$$N=\left[m-\frac{1}{A(1-I)}+\frac{1}{A\Omega}\right]N^D \tag{4.46}$$

① 这保证了 N 为正值。

国家 D 的 GNP 等于其拥有的各类生产要素收入之和① $[q^D\Omega(I)N+w^DH]$，令低技术劳动要素收入占 GNP 的份额为 α_N，高技术劳动要素收入占 GNP 的份额为 α_H，则 $\alpha_N+\alpha_H=1$；令 $\lambda_{fj}=\dfrac{(a_{fj}+a_{fj}^C)j}{f}$，$(f=N, H; j=x, y)$ 表示产业 j 内使用要素 f 的需求份额，从而 $\lambda_{fx}+\lambda_{fy}=1$。则式（4.44）和式（4.45）可以变形为：

$$\frac{x^D}{GNP^D}=A\alpha_N\lambda_{Nx}+A\alpha_H\lambda_{Hx} \tag{4.47}$$

$$\frac{py^D}{GNP^D}=A\alpha_N\lambda_{Ny}+A\alpha_H\lambda_{Hy} \tag{4.48}$$

用式（4.48）与式（4.47）相除取对数，并求导可得：

$$(\widehat{y_D}-\widehat{x_D})+\widehat{P}=\frac{\alpha_N\widehat{\lambda_{Ny}}\lambda_{Ny}+\lambda_{Ny}\widehat{\alpha_N}\alpha_N+\alpha_H\widehat{\lambda_{Hy}}\lambda_{Hy}+\lambda_{Hy}\widehat{\alpha_H}\alpha_H}{\alpha_N\lambda_{Ny}+\alpha_H\lambda_{Hy}}-\frac{\alpha_N\widehat{\lambda_{Nx}}\lambda_{Nx}+\lambda_{Nx}\widehat{\alpha_N}\alpha_N+\alpha_H\widehat{\lambda_{Hx}}\lambda_{Hx}+\lambda_{Hx}\widehat{\alpha_H}\alpha_H}{\alpha_N\lambda_{Nx}+\alpha_H\lambda_{Hx}} \tag{4.49}$$

令 $\gamma_f=-d\ln(a_{fy}/a_{fx})/d\ln(y/x)$ 表示某一要素两个产业相对单位需求变化关于产业结构变化的弹性，从而 $\widehat{\lambda_{fy}}=\lambda_{fx}(1-\gamma_f)(\widehat{y}-\widehat{x})$、$\widehat{\lambda_{fx}}=-\lambda_{fy}(1-\gamma_f)(\widehat{y}-\widehat{x})$，$(f=H, N)$。代入 c，从而有：

$$\left\{1-\frac{\alpha_N\lambda_{Nx}\lambda_{Ny}(1-\gamma_N)+\alpha_H\lambda_{Hx}\lambda_{Hy}(1-\gamma_H)}{(\alpha_N\lambda_{Ny}+\alpha_H\lambda_{Hy})(\alpha_N\lambda_{Nx}+\alpha_H\lambda_{Hx})}\right\}(\widehat{y^D}-\widehat{x^D})=-\widehat{p}-\frac{\alpha_N\alpha_H(\lambda_{Hx}\lambda_{Ny}-\lambda_{Nx}\lambda_{Hy})(\widehat{\alpha_H}-\widehat{\alpha_N})}{(\alpha_N\lambda_{Ny}+\alpha_H\lambda_{Hy})(\alpha_N\lambda_{Nx}+\alpha_H\lambda_{Hx})} \tag{4.50}$$

令 $\Phi=\dfrac{\alpha_N\lambda_{Nx}\lambda_{Ny}(1-\gamma_N)+\alpha_H\lambda_{Hx}\lambda_{Hy}(1-\gamma_H)}{(\alpha_N\lambda_{Ny}+\alpha_H\lambda_{Hy})(\alpha_N\lambda_{Nx}+\alpha_H\lambda_{Hx})}$，同时 $(\widehat{\alpha_H}-\widehat{\alpha_N})=\widehat{w^D}-\widehat{q^D}-\widehat{\Omega}+(\widehat{H^D}-\widehat{N})$，将其结合式（4.46）带入式（4.50）中，从而得到：

① 本文中的 GNP 假设对东道国投资建厂所投入生产的生产要素的所有权全权归于母国。

$$(1-\Phi)(\widehat{y^{D}}-\widehat{x^{D}})=-\widehat{p}+\frac{\alpha_N\alpha_H(\lambda_{Hx}\lambda_{Ny}-\lambda_{Nx}\lambda_{Hy})}{(\alpha_N\lambda_{Ny}+\alpha_H\lambda_{Hy})(\alpha_N\lambda_{Nx}+\alpha_H\lambda_{Hx})}$$

$$\left(\frac{1}{1-\Psi}\times\frac{dI}{1-I}+\widehat{\Omega}+\widehat{N}\right)=-\widehat{p}+\Theta\left(\frac{1}{1-\Psi}\times\frac{dI}{1-I}-\frac{\frac{1}{(1-I)A}}{m-\frac{1}{(1-I)A}+\frac{1}{A\Omega}}\right.$$

$$\left.\left(\frac{dI}{1-I}\right)+\frac{\frac{\Omega-(1-I)}{(1-I)A\Omega}}{m-\frac{1}{(1-I)A}+\frac{1}{A\Omega}}(\widehat{A})+\left[\frac{-\frac{1}{A\Omega}}{m-\frac{1}{(1-I)A}+\frac{1}{A\Omega}}+1\right]\widehat{\Omega}\right)=-\widehat{p}+$$

$$\Theta\left(\frac{mA\Omega(1-I)-\frac{\int_0^I t(i)\,di}{t(I)}-(1-\Psi)\Omega}{[mA\Omega(1-I)-\Omega+(1-I)](1-\Psi)}\left(\frac{dI}{1-I}\right)-\right.$$

$$\left.\frac{\frac{\int_0^I t(i)\,di}{t(I)}}{mA\Omega(1-I)-\Omega+(1-I)}(-\widehat{A})-\left(\frac{[mA(1-I)-1]\Omega}{mA\Omega(1-I)-\Omega+(1-I)}\right)(-\widehat{\Omega})\right)$$

(4.51)

其中 $\Theta=\frac{\alpha_N\alpha_H(\lambda_{Hx}\lambda_{Ny}-\lambda_{Nx}\lambda_{Hy})}{(\alpha_N\lambda_{Ny}+\alpha_H\lambda_{Hy})(\alpha_N\lambda_{Nx}+\alpha_H\lambda_{Hx})}$，且 $\Theta>0$①。

令 $u_1=\frac{mA\Omega(1-I)-\frac{\int_0^I t(i)di}{t(I)}-(1-\Psi)\Omega}{[mA\Omega(1-I)-\Omega+(1-I)](1-\Psi)}$，$u_2=-\frac{\frac{\int_0^I t(i)di}{t(I)}}{mA\Omega(1-I)-\Omega+(1-I)}$，$u_3=-\frac{[mA(1-I)-1]\Omega}{mA\Omega(1-I)-\Omega+(1-I)}$，通过前文的假设，可以得到 $u_2<0$，u_1 是否大于零与 $mA\Omega(1-I)-\frac{\int_0^I t(i)\,di}{t(I)}-(1-\Psi)\Omega$ 是否大于零有关。u_3 是否大于零与 $[mA(1-I)-1]\Omega$ 有关。假定 $0<\sigma_j<1$，同时进一步假定 0 <

① 由 $a_{Hx}a_{Ny}-a_{Nx}a_{Hy}>0$ 以及 λ_{fj} 定义可以得到。

$\gamma_f<1$，即单位产品相对需求关于工资变化的弹性不是很高，且对于任何一类要素而言，两个产业对于该要素相对需求关于产业结构的弹性也不是很大，这保证了 $0<1-\Phi<1$ 与 $0<1-\Psi<1$。由此可以判断在顺梯度对外直接投资的过程中，各个变量对发展中国家 U 产业结构的影响。

$(-\widehat{A})$ 为技术溢出效应，反映发展中国家 U 通过顺梯度对外直接投资，所产生的负的技术进步对产业结构的影响；与要素价格变化类似，$\frac{dI}{1-I}$为要素供给效应，反映了由于顺梯度对外直接投资而影响到生产要素供给的变化，从而带来对产业结构的影响；$(-\widehat{\Omega})$ 表示生产率效应及负的生产率增加，反映由于对外直接投资所产生的规模效应、集聚效应，进而对企业生产效率产生影响，从而对产业结构产生影响；将 $(-\widehat{p})$ 称为价格效应及负的相对价格降低，反映的是对外直接投资将原本均衡的贸易模式改变，从而产品相对价格的变化对经济体的产业结构造成影响。

当 $mA\Omega(1-I)-\frac{\int_0^I t(i)\,di}{t(I)}-(1-\Psi)\Omega>0$ 时，即顺梯度对外直接投资范围 I 足够的小，国家 U 的低技术劳动要素足够多，已至 m 足够大的同时，则要素供给效应$\frac{dI}{1-I}$会导致低技术密集型产业比重上升，而高技术密集型产业比重下降，进而抑制产业间结构升级。这是因为当顺梯度对外直接投资的规模较小，且国外低技术劳动要素禀赋较高的时候，则较难形成规模效应，同时由于低技术劳动要素禀赋过高，反而引起东道国生产产品质量的降低，不利于母国完全让出资源来发展新兴产业。而当 $mA\Omega(1-I)-\frac{\int_0^I t(i)\,di}{t(I)}-(1-\Psi)\Omega<0$ 时，即 m 足够的小、I 同时也足够大的时候，要素供给效应$\frac{dI}{1-I}$会导致高技术密集型产业比重上升，而低技术密集型产业比重下降，进而促进产业间结构升级，这是由于随着对外直接投资范围的扩

大，东道国所产生的规模效应、聚集效应，以及当地技术水平的提升，产品质量的提高以及市场的成熟，有利于母国彻底转移低技术密集型产业进入东道国，从而让出资源发展新兴产业。由 $u_2<0$ 可知道技术溢出效应（$-\widehat{A}$）导致$\widehat{y^D}-\widehat{x^D}$的减少，即说明技术溢出效应导致高技术密集型产业比重增加，而促进了高技术密集型产业发展，从而促进产业间结构升级。这是因为技术溢出效应对两个产业而言的影响程度是相同的情况下，在规模报酬不变的情形下，给定国家 D 劳动要素禀赋不发生变化，但是由于国家 D 是低技术密集型产业顺梯度对外直接投资，投资的部分是放在国家 U 生产的，这部分产业产生技术溢出要低于未投资的部分①，因而相较而言，技术溢出对高技术密集型产业产生的积极作用更多，由于其显著的使得母国科研资源更多的聚集在高技术密集型产业中，进而直接促进了企业生产向高技术密集型产业的发展。当 $[mA(1-I)-1]\Omega>0$ 时，即 $u_3<0$，即 m 足够大时，生产率效应（$-\widehat{\Omega}$）有助于提升国家 D 的高技术密集型产业生产，降低低技术密集型产业生产，进而促进产业间结构升级。这是因为低技术密集型产业顺梯度对外直接投资有利于通过利用国外大规模的低技术劳动要素禀赋来促进生产成本降低和生产率提升，在自由贸易条件下，这提升了国家 D 的企业竞争优势，进而促进了产业间结构升级。价格效应（$-\widehat{p}$）则对于低技术密集型产业具有促进作用，由于低技术密集型产业相对价格的下降，刺激了这一类产品的需求，从而促进了低技术密集型产业的生产。可以总结得出：在单位产品关于高低任务要素的相对单位需求、关于要素回报变化不是很敏感，同时两个产业对于该要素相对单位需求关于产业的结构弹性也不是很大时，一个低技术密集型产业顺梯度对外直接投资所带来的影响途径为：技术溢出效应促进母国产业间结构升级，价格

① 顺梯度对外直接投资所产生逆向技术溢出主要通过规模效应、聚集效应来体现，其不具备大规模的技术研发效应溢出，同时这种技术溢出具有递减性。

效应则会抑制母国产业间结构升级，在东道国与母国资源禀赋相差较大且投资范围较低时，要素供给效应会抑制母国的产业间结构升级，但生产率效应会促进母国的产业间结构升级，反之则结论相反。

基于此，我们关于对发展中国家产业结构的分析得到：顺梯度对外直接投资对产业间结构的调整是受到技术溢出效应、要素供给效应、生产率效应和价格效应四种机制影响的。

五、高技术密集型产业逆梯度对外直接投资的引入

20 世纪 90 年代后期，发展中国家对外直接投资的一个重大变化就是高技术密集型产业逆梯度对外直接投资的飞速发展，如中国的华为、中兴、联想等高科技企业进驻发达国家，引起了学者和政府的高度重视。本节模型中参照上节模型讨论的形式，考虑了高技术密集型产业逆梯度对外直接投资对发展中国家的工资差距和产业结构的影响。为做到这一点，假设发展中国家生产单位产品中指数化的第 i 个任务对要素 f 的要素需求是发达国家的$\beta_f t_f(i)$ 倍，并假设 I_f 为要素 f 的边际对外直接投资环节，对应到模型中就是低技术劳动和高技术劳动两种生产要素。同顺梯度 OFDI（对外直接投资）的研究类似，假设有两个国家，发展中国家 D 和发达国家 C，假定国家 C 和国家 D 的技术水平是不同的，且满足希克斯中性，假设发达国家 C 的技术水平 $A^C=1$，发展中国家 D 的技术水平 $A^D>1$，即发展中国家的技术水平要比发达国家低，即意味着当发展中国家与发达国家的企业生产任何一类具有相同要素密集度的任务的时候，其产出只有发达国家的 $1/A^D$。其余假设一致，则对于高技术任务，则有：

$$q^D = q^C \beta_H t_H(I_H) \tag{4.52}$$

假设国家 D 和国家 C 均生产两种产业 x 和 y，与上节有所区别的是这里国家 D 的高技术任务生产范围为（0，I_H），国家 C 的高技术任务生产范

围则为（I_H，1）。其余过程与上节类似，可得到发展中国家 D 产品市场上的零利润条件：

$$1 = Aq^D a_{NX}\left(\frac{q^D}{w^D \Omega_H}\right)\Omega_N + Aw^D \Omega_H a_{HX}\left(\frac{q^D}{w^D \Omega_H}\right) \tag{4.53}$$

$$p = Aq^D a_{Ny}\left(\frac{q^D}{w^D \Omega_H}\right)\Omega_N + Aw^D \Omega_H a_{Hy}\left(\frac{q^D}{w^D \Omega_H}\right) \tag{4.54}$$

其中，$\Omega_f(I_f) = I_f + \dfrac{\int_{I_f}^1 t_f(i)\,di}{t_f(I_f)}$。因此，发展中国家 D 的要素市场出清条件为：

$$Aa_{Nx}\left(\frac{q^D}{w^D \Omega_H}\right)x^D + Aa_{Ny}\left(\frac{q^D}{w^D \Omega_H}\right)y^D = N^D \tag{4.55}$$

$$Aa_{Hx}\left(\frac{q^D}{w^D \Omega_H}\right)x^D + Aa_{Hy}\left(\frac{q^D}{w^D \Omega_H}\right)y^D = \frac{H^D}{I} \tag{4.56}$$

而发达国家 C 的产品市场零利润条件为：

$$1 = q^C a_{NX}\left(\frac{q^C}{w^C}\right) + w^C a_{HX}\left(\frac{q^C}{w^C}\right) \tag{4.57}$$

$$p = q^C a_{NY}\left(\frac{q^C}{w^C}\right) + w^C a_{HY}\left(\frac{q^C}{w^C}\right) \tag{4.58}$$

发达国家 C 的要素市场出清条件为：

$$a_{Nx}\left(\frac{q^C}{w^C}\right)x^C + a_{Ny}\left(\frac{q^C}{w^C}\right)y^C = N^C \tag{4.59}$$

$$a_{Hx}\left(\frac{q^C}{w^C}\right)x^C + a_{Hy}\left(\frac{q^C}{w^C}\right)y^C + \left[Aa_{Hx}\left(\frac{q^D}{w^D \Omega_H}\right)x^D + Aa_{Hy}\left(\frac{q^D}{w^D \Omega_H}\right)y^D\right]\beta_H \int_{I_H}^1 t_H(i)\,di = H^C \tag{4.60}$$

与前文分析类似，由于可调整的要素价格均等化，故 $Aq^D \Omega_N = q^C$，从而：

$$A = \frac{1}{\beta_N t_N(I_N)\Omega_N(I_N)} = \left[\beta_N t_N(I_N)\left(I_N + \frac{\int_{I_N}^1 t_N(i)\,di}{t_N(I_N)}\right)\right]^{-1}$$

$$= \frac{1}{\beta_H t_H(I_H)\Omega_H(I_H)} = \left[\beta_H t_H(I_H)\left(I_H + \frac{\int_{I_H}^{1} t_H(i)\,di}{t_H(I_H)}\right)\right]^{-1} \tag{4.61}$$

式（4.61）说明发展中国家 D 的技术水平与逆梯度对外直接投资存在一定的关系，为此，对式（4.61）求导得到：

$$\frac{\partial A}{\partial I} = -\left[t(I)\Omega(I)\frac{\partial \beta}{\partial I} + \beta I\frac{\partial t(I)}{\partial I}\right]\left[\beta t(I)\Omega(I)\right]^{-2} \tag{4.62}$$

式（4.62）中$\frac{\partial t(I)}{\partial I}<0$，当$I<I^*<1$时，$\frac{\partial \beta}{\partial I}<0$，当$0<I^*<I<1$时，$\frac{\partial \beta}{\partial I}>0$，即说明逆梯度对外直接投资范围的扩大是否存在有利的逆向技术溢出，取决于对外直接投资成本函数和外生因素对对外直接投资成本造成影响的综合作用。当对外直接投资范围较小时，即$I<I^*<1$，$\frac{\partial \beta}{\partial I}<0$时，则$\frac{\partial A}{\partial I}>0$，即逆梯度对外直接投资范围的扩大对国家 D 产生了不利的逆向技术溢出；随着对外直接投资外延的不断扩大，当对外直接投资外延大到一定程度，$\frac{\partial \beta}{\partial I}>0$且$\left|t(I)\Omega(I)\frac{\partial \beta}{\partial I}\right|>\left|\beta I\frac{\partial t(I)}{\partial I}\right|$时，则$\frac{\partial A}{\partial I}<0$，即逆梯度对外直接投资范围的扩大对国家 D 产生了积极的逆向技术溢出。随着对外直接投资范围的扩大，成本函数呈递减态势可以看成企业自身技术以及承接逆向技术溢出的能力在提高，而转移参数 β 的变化可看成外生因素的变化对逆向技术溢出的作用。由此，我们得到逆梯度对外直接投资对母国是否产生积极的逆向技术溢出取决于母国和东道国的共同作用。从母国角度来看，母国企业自身承接技术外溢的能力越强，则逆向技术溢出的积极作用越大；从东道国来看，东道国的制度完善程度和技术革新程度越强，则产生的逆向技术溢出的积极作用越大，接受投资壁垒程度越强，则产生的逆向技术溢出的积极作用越弱。

同时对式（4.59）和式（4.60）进行变形整理可得到：

$$(\widehat{w^D}-\widehat{q^D})(1-\Psi)=-\left(\widehat{\frac{H^D}{N^D I_H}}\right)=\widehat{I_H} \tag{4.63}$$

为简化分析，令 $H^C = nH^D$，即假设发达国家 C 的高技术劳动数量是发展中国家 D 的 n 倍。

$$(1-\Phi)(\widehat{y^D}-\widehat{x^D})=-\widehat{p}+\frac{\alpha_N\alpha_H(\lambda_{Hx}\lambda_{Ny}-\lambda_{Nx}\lambda_{Hy})}{(\alpha_N\lambda_{Ny}+\alpha_H\lambda_{Hy})(\alpha_N\lambda_{Nx}+\alpha_H\lambda_{Hx})}\left(\frac{-\widehat{I_H}}{1-\Psi}-\widehat{\Omega_H}-\widehat{H}\right) \tag{4.64}$$

其中 $H=\frac{1}{I}+\frac{n}{IA}-n\beta t\ (I)$，$H^D=\frac{1}{I}+\frac{n}{IA}-\frac{n}{A\Omega}$，则式（4.64）可简化为：

$$(1-\Phi)(\widehat{y^D}-\widehat{x^D})=-\widehat{p}+\Theta\left[\frac{nI_H-\Psi\Omega_H(A+n)}{(A\Omega_H+n\Omega_H-nI_H)(1-\Psi)}(\widehat{I_H})+\left(\frac{\frac{n}{A\Omega_H}}{\frac{1}{I_H}+\frac{n}{I_HA}-\frac{n}{A\Omega_H}}+1\right)(-\widehat{\Omega_H})+\left(-\frac{n\frac{\Omega_H-I_H}{I_HA\Omega_H}}{\frac{1}{I_H}+\frac{n}{I_HA}-\frac{n}{A\Omega_H}}\right)(-\widehat{A})\right] \tag{4.65}$$

令 $v_1=\frac{nI_H-\Psi\Omega_H(A+n)}{(A\Omega_H+n\Omega_H-nI_H)(1-\Psi)}$，　$v_2=\frac{\frac{n}{A\Omega_H}}{\frac{1}{I_H}+\frac{n}{I_HA}-\frac{n}{A\Omega_H}}+1$，　$v_3=-\frac{n\frac{\Omega_H-I_H}{I_HA\Omega_H}}{\frac{1}{I_H}+\frac{n}{I_HA}-\frac{n}{A\Omega_H}}$。其中 $v_2>0$，$v_3<0$，v_1 是否大于零根据具体条件而定。

可以看到高技术密集型产业逆梯度对外直接投资后，其对产业结构的影响同样是通过四种机制起作用的，但是两者有很大的不同。其中价格效应对于产业结构的影响与顺梯度对外直接投资的影响相同，逆梯度对外直接投资也会导致产生更多的低技术密集型产业，从而不利于产业结构调整。但是高技术密集型产业和低技术密集型产业所产生的生产率效应和要素供给效应有所不同①。对于高技术密集型产业逆梯度对外直接投资要素供给效应，有当 $nI_N - \Psi\Omega_N(A+n)>0$ 时，即发达国家 C 的高技术要素远高于发展中国家 D、Ψ 足够的小（也即高技术劳动与低技术劳动相对要素需求关于相对要素回报的弹性足够小）时，且逆梯度对外直接投资范围足够小时，要素供给效应（$\widehat{I_H}$）会导致低技术密集型产业比重上升，而高技术密集型产业比重下降，进而抑制产业结构升级。而当 $nI_N - \Psi\Omega_N(A+n)<0$ 时，即国家 C 和国家 D 的高技术劳动要素禀赋较为接近，且逆梯度对外直接投资范围较大、Ψ 足够的大（也即高技术劳动与低技术劳动相对要素需求关于相对要素回报的弹性足够大）时，要素供给效应（$\widehat{I_H}$）会导致低技术密集型产业比重下降，而高技术密集型产业比重上升，进而促进产业间结构升级。这可以从发达国家之间大规模的相互投资并购中得到解释，两国禀赋差距不大，更容易形成势均力敌的跨国企业。

$v_2>0$，说明高技术密集型产业逆梯度对外直接投资生产率效应（$-\widehat{\Omega}$）会促进低技术密集型产业发展，进而不利于产业间结构升级，这在某种程度上是违反直觉的。然而正如模型所强调的，逆梯度对外直接投资企业应用的是发达国家的高技术要素投入，对发展中国家而言，生产率有所提高的正是参与逆梯度对外直接投资的企业，这一点恰好与 Meliz（2004）经典模型得出的结论相同，即对外直接投资企业生产率要高一些。对外直接投资企业生产率的提高给国内从事相同行业的企业带来了巨大的竞争压力，国内企业为了节省成本，参与竞争，不得不转向其他要素密集型产业的发展，因此导致国内企业转向低技术密集型产业。$v_3<0$，说明逆梯度对外直接投资的技术溢出效应（$-\widehat{A}$）导致了$\widehat{y^D - x^D}$的减少，即逆梯度对外直接投资的技术溢出效应导致高技术密集型产业比重增加，而促进了高技术密集型产业发展，从而促进产业间结构升级。这与顺梯度对外直

① 这里的讨论都是建立在 $0<\sigma_j<1$ 和 $0<\gamma_f<1$ 假设的基础上的。

接投资的技术溢出效应是相同的。说明无论是顺梯度对外直接投资还是逆梯度对外直接投资都会通过技术溢出效应来促进母国的产业间结构升级。

由此可得到如下结论：高技术密集型产业逆梯度对外直接投资与低技术密集型产业顺梯度对外直接投资，均通过四种机制对产业结构产生影响。其中，价格效应和技术溢出效应影响的产业间结构调整不受对外直接投资方式的影响，价格效应会抑制产业间结构调整，而技术溢出效应则会促进产业间结构调整。逆梯度对外直接投资要素供给效应会抑制产业间结构调整，生产率效应则与对外直接投资的东道国产业类型存在联系。

第三节　本章小结

本章借助 Grossman 和 Rossi - Hansberg（2008）的理论框架以及郑若谷（2011）的研究框架，分别分析了对外直接投资对东道国产业内结构升级和母国产业间结构升级的影响。研究表明，对外直接投资对一国的产业结构调整是不确定的，取决于价格效应、要素供给效应、技术溢出效应和生产率效应相对作用的大小。在这部分的分析中，笔者区分了对外直接投资的东道国产业内结构升级与母国产业间结构升级，通过对比发现，一些机制（生产率效应、要素供给效应）与对外直接投资的方向存在密切的联系，他们会因为对外直接投资方向的不同而影响方向完全相反或者受相关参数影响，另一些机制（如技术溢出效应、价格效应）则与对外直接投资的方向无关。

第五章 中国对外直接投资推动东道国产业结构升级

“走出去”战略的提出是中国积极参与国际分工、改变当今由欧美等发达国家引领的世界政治格局的重要举措，惠及发展中国家经济、政治及国际地位。然而，“走出去”战略在实施过程中时常存在“内热外冷”的局面。与此同时，随着逆全球化和贸易保护主义愈演愈烈，外商直接投资成了弥补发展中国家储蓄、促进技术提升从而实现跨越式发展的重要途径。特别是中国作为发展中国家最大的外商直接投资来源国之一，近年来对发展中国家的直接投资增长态势明显，尤其是对“一带一路”沿线国家。2016 年，中国对“一带一路”沿线国家直接投资 145.3 亿美元，是 2003 年的 72.65 倍①。因此，以“一带一路”沿线国家为样本，探究中国对外直接投资对当地产业结构、经济发展的贡献，是对中国“走出去”战略质疑论的有效反击。基于此，本章试图构建开放经济国家产业结构升级的数理模型，以及采用“一带一路”沿线国家面板数据进行实证分析，探究中国对外直接投资引起的东道国产业结构升级效应及其理论机制。

现有文献关于外商直接投资对东道国产业结构升级的讨论多集中于东道国实际利用外资额，即东道国总体利用外商直接投资对其产业结构升级的影响。以 Markusen 等（1999）为代表的学者认为外商直接投资通过技术外溢效应（Aitken 等，1999）、竞争效应（Maurice，2006）和关联效应

① 数据来源：中华人民共和国商务部网站。

（Marcela 等，2015）改善当地的市场结构（Dimelis，2005）、出口结构（Kneller 等，2007）及供需结构（Hirschman 的“技术缺口理论”），进而促进东道国产业发展。Pavlinek 等（2009）、贾妮莎等（2014）等学者通过对中欧国家数据、中国产业数据的实证研究结论支持了外商直接投资对东道国产业结构升级的正向促进说。而以 Hanson（2001）为代表的学者认为跨国直接投资会通过较大的负向“市场攫取效应”抵消其带来的正向“生产率效应”，他们提出母国通过对外直接投资能够获取“全球性关键资源”，进一步巩固了其在全球价值链的优势和核心地位（Thoenig 等，2003；Keller 等，2009），持续将东道国企业在价值链低端锁定，获得垄断利润，从而对东道国产业结构升级带来不利影响。上述两派观点的研究结论莫衷一是，究其缘由，一方面，外商直接投资对东道国产业结构升级的影响程度取决于东道国的特点，与东道国的经济发展状况（Li 等，2005）、金融发展水平（Hermes 等，2010）、自由贸易制度（Macelaru，2013）及人力资本状况相关（Kevin，2014）。更为重要的是，现有文献大多聚焦分析一国整体利用外商直接投资对其经济及产业结构的影响，忽视外商直接投资来源国的异质性所导致的外商直接投资自身差异，也可能造成研究结论的不一致。事实上，不同来源国的外商直接投资在投资动机和行业选择（孙早等，2014；Marano 等，2017）、技术转移（王明益，2014）、母国制度环境（冀相豹等，2015）方面均存在显著差异，这些差异影响外商直接投资的规模和质量。因此，从外商直接投资来源国视角探究一国对外直接投资对东道国产业结构升级的影响尤显必要。

作为世界第一大对外直接投资的发展中国家，中国对外直接投资是否能带动“一带一路”沿线国家的产业结构升级？这关乎中国所承担的大国责任。然而，目前有关中国“走出去”战略的研究大多立足中国视角、从宏观战略层面探究中国对外直接投资与东道国产业结构升级。韩永辉等（2014）从资源禀赋角度分析中国与西亚国家的产业结构互补性，得出中国投资有利于促进双边产业结构互动升级。张理娟等（2016）则通过产业转移的国别分析得出，中国对“一带一路”沿线国家的产业转移应积极寻求效率和创新驱动的最佳路径，促进国内产业结构升级。也有学者从文化融合（谷媛媛，2016）、市场规模（林良沛等，2017）、政府合作（郭烨等，2016）角度分析影响中国对外直接投资进入“一带一路”沿线国家的因素。本章则立足于东道国视角，利用2003—2016年中国对“一带一路”沿线国家直接投资的流量与存量数据，及“一带一路”沿线国家经济指标的面板数据，研究中国对外直接投资对“一带一路”沿线东道国产业结构升级的影响。进一步考虑“一带一路”沿线国家经济发展水平、与中国地理距离和人文渊源的差异性，对东道国进行分样本分析，考察中国对外直接投资对“一带一路”沿线东道国产业结构升级的异质性影响。试图解答以下问题：中国对外直接投资如何影响“一带一路”沿线国家产业结构升级？影响受到哪些因素调节？影响的作用机制是什么？中国对外直接投资对不同类别“一带一路”沿线东道国产业结构升级影响有何差异？结果显示：①中国对“一带一路”沿线国家直接投资整体上推动了“一带一路”沿线东道国产业结构升级；②“一带一路”沿线国家与中国领导层密切互访有助于强化中国对外直接投资对“一带一路”沿线国家产业结构升级的促进作用；③中国对外直接投资通过技术溢出效应、要素供给效应及生产率效应推动了“一带一路”沿线东道国产业结构升级；④相对投资于中高收入的“一带一路”沿线国家，投资于中低收入的“一带一路”沿线国家其产业结构升级效应更为明显；⑤中国对外直接投资更能显著推动包含华人经济圈的“一带一路”沿线国家产业结构升级；⑥与中国非相邻“一带一路”沿线国家的产业结构升级效应强于与中国相邻的“一带一路”沿线国家。

本部分可能的边际贡献在于：第一，丰富了对外直接投资的研究领域。不同于以往文献从“一带一路”沿线东道国利用对外直接投资的溢出效应进行考察，本章创新性地从外商直接投资来源国入手，考察一国对外直接投资对“一带一路”沿线国家所带来的产业结构升级效应。第二，弥补了现有文献研究多侧重于从中国视角分析和探讨共建“一带一路”的缺憾，本章强调中国对“一带一路”沿线国家产业结构升级的积极影响，以此为进一步推动“一带一路”建设提供理论支撑。第三，本章尝试通过理论模型分析中国对外直接投资作用于“一带一路”沿线国家产业结构升级的作用机制，并利用全样本和分样本数据进行验证，从理论和实证上评估中国对外直接投资对“一带一路”沿线国家产业结构升级的影响。

为了具体考察中国对外直接投资对“一带一路”沿线国家产业结构升级的作用，本章将来源于中国的外商直接投资从“一带一路”沿线国家总的外商直接投资中剥离出来，检验中国对外直接投资对“一带一路”沿线东道国产业结构升级的影响，并进一步根据第四章的理论模型部分揭示技术溢出效应、要素供给效应、生产率效应的中介效应及程度①。

第一节　研究设计

构建回归模型检验中国对外直接投资对东道国产业结构升级的影响，设定模型 1 如下：

$$Industry_{it} = \alpha_{it} + \beta_1 log\_ \ OFDI_{it} + \delta_2 X_{it} + \varepsilon_{it} \tag{5.1}$$

其中，i 和 t 分别表示东道国和年份。*Industry* 表示产业结构，本章根据克拉克定律，采用第二、三产业增加值占 GDP 比重和第三产业增加值占 GDP 比重，度量一国产业结构（干春晖等，2011；汪伟等，2015）；*log_ OFDI* 为中国对“一带一路”沿线国家的对外直接投资指标，用当年中国对“一带一路”沿线国家的对外直接投资流量取对数或存量取对数表示；X 表示控制变量，结合现有文献，本章选择的控制变量有：①一国经济发展水平，用人均 GDP 或地均灯光亮度取对数进行度量，一国经济越发达，其高科技产业及研发投入比重越高（成力为等，2017），从而与产业结构

① 基于数据的可获得性，下文的实证分析中没有检验价格效应的中介作用。

之间存在相互促进的稳定关系。②资本密度，用人均资本存量衡量，Acemoglu 等（2008）和于泽等（2014）均指出当国家资本增长速度大于人口增长速度时，即资本深化过程，则会发生服务业相比制造业发展更快，从而产业结构升级。郑振雄等（2013）则认为资本深化在各产业具有不同的表现，而当经济发展过程中劳动密集型产业的资本深化速度更快，则会通过要素价格扭曲延缓了劳动密集型产业的衰退，抑制了产业结构升级。③东道国出口也被认为会作用于产业结构升级（刘斌斌等，2015），用东道国货物与服务出口总额度量。④中国对“一带一路”沿线国家的出口，黄亮雄等（2016）指出中国通过出口和投资影响“一带一路”沿线国家经济发展，同时出口和投资具有一定的替代作用，因此本章控制该变量。⑤知识存量，用“一带一路”沿线国家高等院校入学率取对数度量，于泽等（2014）指出知识积累、人力资本是影响一国产业结构升级的重要因素。⑥就业人口占比，劳动作为最主要的生产要素之一，其供给对不同产业发展情况促进有所区别，进而影响产业结构升级（方行明等，2013）。以上控制变量数据来源于《世界银行数据库》。⑦考虑宏观冲击会影响到估计结果，特别是2008年的世界金融危机，以及2013年实施的“一带一路”倡议，因此加入2008年和2013年的时间虚拟变量，其中2008年之前定义为0，之后定义为1，2013年之前定义为0，之后定义为1。

另外，国家关系越友好、高层之间互访越频繁，可能由中国对外直接投资对“一带一路”沿线国家带来的经济效应会愈显著。中国与“一带一路”沿线国家高层互访会促进中国对“一带一路”沿线国家的对外直接投资（郭烨等，2016），进一步使得“一带一路”沿线国家更多地分享来自中国的投资所带来的利益（黄亮雄等，2016），因此本章加入中国与“一带一路”沿线国家友好程度变量，用双边领导人互访次数度量，构建虚拟变量，进一步拓展模型1，验证其效应是否存在。

$$Industry_{it} = \alpha_{it} + \beta_2 log\_\ OFDI_{it} + \eta log\_\ OFDI_{it} \times Dummy + \delta_2 X_{it} + \varepsilon_{it} \tag{5.2}$$

模型2（式5.2）中 *Dummy* 为国家领导层访问虚拟变量，η 是衡量高层互访对中国对外直接投资于“一带一路”沿线国家产业结构升级效应的附加作用，在交乘项系数显著为正时，说明高层互访有利于强化中国对外直接投资对“一带一路”沿线国家产业结构升级的影响，反之则相反。

进一步，根据理论机制分析发现中国对外直接投资会通过技术溢出效应、要素供给效应及生产率效应作用于“一带一路”沿线东道国产业结构升级，为了识别这些影响机制，采用中介效应方法，在模型1的基础上构建以下模型继续进行检验。

$$W_{it} = \alpha_{it} + \gamma log\_OFDI_{it} + \varepsilon_{it} \tag{5.3}$$

$$Industry_{it} = \alpha_{it} + \beta_3 log\_OFDI_{it} + \theta W_{it} + \delta_3 X_{it} + \varepsilon_{it} \tag{5.4}$$

模型3中（式5.3）W_{it}为中介变量，根据中介效应检验，首先对模型1进行回归，在确定中国对外直接投资对“一带一路”沿线国家产业结构升级有显著影响的基础上，然后对模型2和模型3进行回归。若系数 γ 和 θ 均显著，那么说明中国对外直接投资的确通过中介效应影响“一带一路”沿线东道国产业结构升级，若 β_3 显著，则说明存在部分中介效应，若 β_3 不显著，则说明存在完全中介效应。若系数 γ 和 θ 至少有一个不显著，则需要做 sobel 检验（边缘检验）。

中介变量包括：①技术溢出效应，用东道国互联网用户数占比度量，中国对外直接投资蕴含的“知识溢出”究竟在多大范围内扩散与东道国所具有的知识存量和开放性密切相关（陈继勇等，2010），而互联网作为广泛融入经济社会的人造资源，具有高速的传播性，且有效利用这类资源需要大规模的知识存量积累和较强的技术创新能力（杨善林等，2016）。因此，笔者认为互联网用户数同时反映了一国的创新知识接受程度和扩散水平，从而本章选取一国互联网用户数测度对外直接投资的技术溢出效应。②要素供给效应，用东道国资本形成总额度量，由于地理距离、文化差异，中国对外直接投资难以对东道国带来劳动要素供给的变化，而影响最直接的生产要素应为资本形成，因此，本章选取资本形成总额用以度量要素供给效应。③生产率效应，用“一带一路”沿线国家全要素生产率度量，采用索罗剩余法进行测算。

第二节　变量设定

本章使用2003—2016年中国及“一带一路”沿线东道国43个国家的面板数据①，数据主要分为三大部分：其一为中国每年对各个国家的对外直接投资流量和存量数据，来源于《中国对外直接投资统计公报》（2004—2017年度）；其二为各东道国的经济发展数据，来源于世界银行数据库和NOAA（美国国家海洋与大气管理局）的夜间灯光数据库，其中夜间灯光数据的处理采用Henderson（2012）使用的ArcGIS软件计算得到；其三为中国与东道国紧密度数据，具体为领导人互访数据及是否包含华人经济圈数据，来源于《中国外交》。变量的相关说明及描述性统计如表5-1所示。

表5-1　　变量的相关说明及描述性统计

变量类型	变量	符号	样本数量	均值	标准差	最小值	最大值
被解释变量	第二、三产业增加值占GDP比重（%）	Industry1	347	87.440	9.957	58.969	99.721
	第三产业增加值占GDP比重（%）	Industry2	347	70.321	9.922	45.153	90.369
解释变量	中国对外直接投资流量（亿美元）	OFDI1	347	1.548	3.331	0.001	29.959
	中国对外直接投资存量（亿美元）	OFDI2	151	1.281	1.958	0.000	14.019

① 由于《中国对外直接投资统计公报》始于2003年，因此选用的数据从2003年开始。由于《中国对外直接投资统计公报》中关于向部分“一带一路”沿线国家的投资数据缺失，故实证检验的数据为43个“一带一路”沿线国家。

续表

变量类型	变量	符号	样本数量	均值	标准差	最小值	最大值
控制变量	不变价计算的人均GDP（千美元）	PGDP	347	7.752	8.175	0.376	36.997
	地均灯光亮度取对数	Light	347	10.280	1.329	6.523	13.538
	不变价计算的人均资本（千美元）	Kshare	347	1.861	2.119	0.035	15.757
	该国出口总额（百亿美元）	Export	347	9.889	11.474	0.061	50.681
	中国对该国出口总额（亿美元）	Export_ch	347	87.161	120.718	0.264	644.078
	该国就业人口占比（%）	Labor	347	0.445	0.075	0.227	0.604
	高等院校入学率取对数	Ledu	347	3.468	0.786	0.229	4.551
中介变量	资本形成总额取对数	Capital	347	5.458	1.693	1.126	8.894
	全要素生产率	Tfp	347	0.403	0.146	0.167	1.083
	互联网用户数占比（%）	RD	347	30.570	23.427	0.077	88.000

第三节　实证结果分析

一、基本结论

首先根据 Hausman 检验选取固定效应模型考察中国对外直接投资（OFDI）对“一带一路”沿线东道国产业结构升级的直接影响，中国 OFDI（对外直接投资）对“一带一路”沿线东道国产业结构升级的影响如表 5-2 所示。第(1)—(3) 列核心解释变量为中国对东道国的 OFDI 流量，被解释变量为“一带一路”沿线东道国第二、三产业增加值占 GDP 比重。

表 5-2　　中国 OFDI（对外直接投资）对“一带一路”沿线东道国产业结构升级的影响

	(1)	(2)	(3)	(4)	(5)
OFDI1	0. 194***	0. 170***	0. 132**	0. 106*	0. 019**
	(3. 51)	(2. 63)	(2. 05)	(1. 71)	(2. 27)
PGDP		0. 455**	0. 358**	0. 251**	
		(2. 12)	(2. 27)	(2. 05)	
Light					3. 573***
					(3. 99)
Kshare		0. 257	0. 068	0. 054	0. 106
		(1. 00)	(0. 26)	(0. 22)	(0. 39)
Export		0. 040	0. 030	0. 036	-0. 115
		(0. 47)	(0. 35)	(0. 43)	(-1. 15)
Export_ ch		-0. 003	-0. 005	-0. 011***	-0. 008
		(-0. 83)	(-1. 19)	(-2. 78)	(-1. 44)
Labor			5. 366	-18. 188	-74. 230***
			(0. 38)	(-1. 30)	(-4. 15)
Ledu			2. 230***	0. 159**	1. 765**
			(3. 34)	(2. 21)	(2. 08)
Constant	87. 141***	83. 075***	74. 347***	-110. 006***	-105. 644***
	(534. 52)	(56. 19)	(14. 30)	(5. 84)	(-5. 00)
Year	No	No	No	Yes	Yes
Observations	347	347	347	347	347
R-squared	0. 039	0. 067	0. 113	0. 230	0. 299
F	12. 30	4. 312	5. 389	4. 485	5. 407

说明：***、**、*分别表示 1%、5%、10% 水平显著。

可以看出，中国 OFDI 对“一带一路”沿线国家产业结构升级具有显著促进作用。在第（2）—(3）列中，逐步加入控制变量，核心解释变量系数均显著为正，大小为 0. 13 ~0. 17。考虑宏观冲击会影响到估计结果，因此第（4）列中加入时间固定效应，结果发现 OFDI1 的系数仍旧显著为正，回归系数说明中国对“一带一路”沿线国家的对外直接投资流量每增加1个单位，“一带一路”沿线东道国产业结构升级指数会提高约0.106个单位，按此推动作用，2003—2016年中国对“一带一路”沿线国家对外直接投资年均增长62.69%，共推动“一带一路”沿线国家产业结构升级指数年均增长6.64个单位。

控制变量上，研究发现，一国经济发展水平（PGDP）对产业结构升级有显著的推动作用。这是由于一国经济发展水平与产业结构升级之间存在互动促进作用（于彬彬，2015），一国经济越发达，其所形成的制度环境、人文环境及产业组成越有利于产业结构升级，而产业结构优化过程中技术提升、生产率提升又推动了经济增长。资本深化（Kshare）虽对产业结构升级具有促进作用，但这一效应并不明显，究其缘由，可能与各产业中资本深化的速度大小相关（郑振雄等，2013）。东道国出口（Export）的系数大部分为正，且不显著，说明东道国出口对自身的产业结构升级并未有显著影响，这是由出口贸易结构、区域出口增加值的差异导致的。中国对“一带一路”沿线国家的出口（Export_ ch）则显著为负，这与当前中国不断向“一带一路”沿线国家输出相对成熟的技术产品相关，进而加剧了东道国的产品竞争，这在一定程度上抑制其产业结构升级。东道国就业人口占比（Labor）系数不显著，说明劳动要素的供给对“一带一路”沿线国家产业结构升级的推动作用不明显，这与“一带一路”沿线国家所处发展阶段相关，政府考虑产业结构升级的同时更需要考虑就业率，劳动人口供给在一定程度上可能成为产业结构升级的负担。高等院校入学率取对数（Ledu）系数显著为正，说明人力资本显著推动了当地产业结构升级，该结论与现有研究相符（杨飞虎等，2016）。

二、稳健型检验

为了更稳健地检验中国对外直接投资对“一带一路”沿线东道国产业

结构升级的影响，首先，采取替换指标的方法进行稳健型检验：第一，黄亮雄等（2016）指出“一带一路”沿线国家中有不少处于军事动荡区域，这些区域的 GDP 在测度过程中存在较大偏差，因此，表 5 -2 中第（5）列选取国家地均灯光数据替代人均 GDP 数据进行回归分析，发现中国对外直接投资对“一带一路”沿线东道国产业结构升级的提升作用仍旧非常显著；第二，选取中国对“一带一路”沿线东道国对外直接投资存量取对数这一指标，替代中国对“一带一路”沿线国家的对外直接投资流量取对数，具体见表 5 -3（稳健型检验）第（1）列，回归结果表明中国对“一带一路”沿线东道国对外直接投资存量每增加 1 个单位，“一带一路”沿线东道国产业结构升级指数增加 0. 458 个单位；第三，表 5 -3（稳健型检验）第（2）列中选取第三产业增加值占 GDP 比重代替第二、三产业增加值占 GDP 比重，刻画“一带一路”沿线东道国产业结构升级，发现替换被解释变量后，核心解释变量为 0. 071，且在 5% 水平下显著，结果仍稳健。

其次，以上结果可能存在逆向因果，即究竟是中国对“一带一路”沿线国家的对外直接投资促进了“一带一路”沿线国家的产业结构升级，还是“一带一路”沿线国家产业结构升级影响了中国对“一带一路”沿线国家的直接投资，为此，本章采取宋凌云等（2013）、黄亮雄等（2018）的方法对模型可能存在的内生性问题进行检验：第一，选取解释变量的滞后项作为核心解释变量进行回归，结果见表 5 -3（稳健型检验）第（3）列；第二，利用中国对“一带一路”沿线国家对外直接投资占其吸引总外商直接投资的比重取对数作为中国对“一带一路”沿线国家直接投资的工具变量进行 IV 估计，具体结果见表 5 -3（稳健型检验）第（4）列；第三，参照隋广军等（2017）的做法，采用弱内生性子样本进行检验，即若中国对外直接投资与“一带一路”沿线国家产业结构升级存在反向因果关系，那这种内生关系在产业结构升级较高的“一带一路”沿线国家应更为明显，产业结构升级较低的子样本的内生性也相应较低，因此我们选择产业结构升级较低的子样本进行检验，看结果是否稳健。具体做法如下，一是挑选产业结构升级指数低于87.44（以第二、三产业占GDP比重度量的“一带一路”沿线国家的产业结构升级均值水平）的国家作为弱内生性子样本①，二是选择亚洲整体作为弱内生性子样本，这是因为43个“一带一路”沿线国家样本中，仅包含了部分欧洲和亚洲国家，从经济上看，欧洲国家大多为市场经济制度较为成熟的国家，具有明晰的产权制度和严格的法律监管，产业结构水平较高，而“一带一路”沿线亚洲国家仍有部分处于向完全市场经济转轨阶段，个别国家仍经历政治动荡、宗教冲突等，产业结构升级水平较低（黄亮雄等，2016），具体结果见表5－3（稳健型检验）第（5）—（6）列。表5－3（稳健型检验）第（3）列中的解释变量为中国对“一带一路”沿线国家的对外直接投资滞后项（L. OFDI1），其系数显著为正，第（4）列中IV估计显示，中国对“一带一路”沿线国家对外直接投资流量每增长1个单位，“一带一路”沿线国家产业结构升级指数提升1.299个单位，且拒绝了工具变量不可识别检验，通过了弱识别检验，说明本章选择的工具变量通过了有效性检验，第（5）—（6）列采用产业结构升级水平较低的国家和亚洲样本分别进行回归，中国对“一带一路”沿线国家对外直接投资的系数均显著为正。以上结果表明中国对“一带一路”沿线国家的对外直接投资的确促进了“一带一路”沿线国家的产业结构升级，与表5－2结果一致。

表5－3　　稳健型检验

	(1) FE	(2) FE	(3) FE	(4) IV	(5) 产业结构小于均值的国家	(6) 亚洲
OFDI1		0.071**		1.299**	0.724***	0.128*
		(2.12)		(2.28)	(2.66)	(1.74)
OFDI2	0.458**					
	(2.24)					

① 具体包括：蒙古、印度尼西亚、越南、柬埔寨、老挝、印度、尼泊尔、埃及、吉尔吉斯斯坦、塔吉克斯坦。

续表

	(1) FE	(2) FE	(3) FE	(4) IV	(5) 产业结构小于均值的国家	(6) 亚洲
L. OFDI1			0.129*			
			(1.69)			
PGDP	-0.037	-0.100	-0.195	-0.544	6.239*	0.482
	(-0.07)	(-0.41)	(-0.55)	(-1.40)	(1.72)	(1.45)
Kshare	-0.333	-0.693***	0.331	0.333	9.829*	-0.270
	(-1.19)	(-2.75)	(1.05)	(0.83)	(1.74)	(-0.86)
Export	0.355**	-0.193**	0.081	0.363*	0.009	0.232*
	(2.31)	(-2.32)	(0.88)	(1.83)	(0.03)	(1.90)
Export_ ch	-0.023***	0.002	-0.013***	-0.040***	-0.024	-0.023***
	(-3.63)	(0.36)	(-3.03)	(-2.70)	(-1.57)	(-3.59)
Labor	70.863**	-15.517	-19.146	-8.999	-97.239**	-9.199
	(2.49)	(-1.10)	(-1.22)	(-0.42)	(-2.27)	(-0.48)
Ledu	1.814	-0.231	1.228	1.923	3.181	1.842*
	(1.02)	(-0.30)	(1.34)	(1.36)	(1.40)	(1.71)
Constant	95.254	-38.158***	-87.892***	59.042	-97.234***	-32.547***
	(0.62)	(-7.02)	(-5.00)	(0.34)	(-5.61)	(-5.68)
Year	Yes	Yes	Yes	Yes	Yes	Yes
Observations	151	347	275	347	97	218
R - squared	0.315	0.403	0.198	—	0.568	0.261
F	2.534	10.14	3.026	—	4.709	3.241
LM 统计量	—	—	—	5.314	—	—
Cragg - Donald	—	—	—	18.96	—	—

说明：***、**、*分别表示1%、5%、10%水平显著；表中弱识别检验临界值：最大显著性检验水平扭曲程度10%为16.38。

三、互访因素分析

前文研究表明东道国切实分享了由中国对外直接投资带来的正向经济

效应，说明中国对外直接投资为各国共同繁荣、打造互利共赢的“人类命运共同体”方面提供了一个更包容的“互惠互利”平台。那么，与中国高层走访越频繁、双边活动越紧密，将越有利于规避中国在东道国对外直接投资面临的政治动荡、宗教冲突、法律制度不完善的风险（郭烨等，2016），进而越有利于扩散中国对外直接投资带来的积极效应，推动东道国产业结构升级。为了验证该点，对样本继续进行检验，高层互访的强化推动作用如表5-4所示。表5-4中核心解释变量为中国对“一带一路”沿线国家的对外直接投资及其与高层互访虚拟变量的交乘项。可以看到，四个模型中，中国对“一带一路”沿线国家的对外直接投资的系数大小为0.084~0.109，且在10%水平下显著，同时，无论是OFDI1与中国国家主席或总理出访还是OFDI1与“一带一路”沿线各国国家元首出访的虚拟变量交乘项系数均显著为正。其中，第（1）列数据显示，平均而言，中国对“一带一路”沿线国家对外直接投资流量提高1个单位，能促进“一带一路”沿线国家产业结构升级指数提高0.109个单位，若中国国家主席或总理当年对其进行访问，则“一带一路”沿线国家产业结构升级指数再提高0.255个单位。即说明，领导人互访，换言之，与中国关系越密切，越有利于强化中国对“一带一路”沿线国家对外直接投资的产业结构升级效应。同时发现，第（4）列的交乘项系数为正但不显著，说明相较于“一带一路”沿线国家其他领导人的出访，“一带一路”沿线各国国家元首的出访更能强化中国对外直接投资的溢出作用，即共建“一带一路”、分享中国经济发展带来的贡献更需发挥“一带一路”沿线各国国家元首的主观能动性。

表5-4　高层互访的强化推动作用

	(1)	(2)	(3)	(4)
OFDI1	0.109*	0.093**	0.084**	0.093**
	(1.77)	(2.48)	(2.34)	(2.21)
OFDI1*中国国家主席或总理出访	0.255**			
	(2.33)			

续表

	(1)	(2)	(3)	(4)
OFDI1 * 中国领导人出访		0.205 * (1.94)		
OFDI1 * "一带一路"沿线各国国家元首出访			0.186 ** (1.97)	
OFDI1 * 各国领导人出访				0.169 (1.43)
Constant	-11.519 ***	-115.936 ***	-112.741 ***	-112.389 ***
	(-6.11)	(-6.10)	(-5.99)	(-5.95)
控制变量	Yes	Yes	Yes	Yes
Observations	347	347	347	347
R-squared	0.245	0.240	0.241	0.236
F	4.600	4.490	4.498	4.379

说明：***、**、* 分别表示 1%、5%、10% 水平显著。

四、机制探索

根据前文理论机制分析，中国对外直接投资对"一带一路"沿线东道国产业结构升级的影响主要通过技术溢出效应、要素供给效应、生产率效应发挥作用，根据数据可获得性，下面依次对技术溢出效应、要素供给效应、生产率效应进行中介检验，中介检验如表 5-5 所示。

表 5-5　中介检验

	技术溢出效应中介检验		要素供给效应中介检验		生产率效应中介检验	
	(1)	(2)	(3)	(4)	(5)	(6)
OFDI1	0.332 ***	0.101 **	0.035 ***	0.078	0.004 ***	0.105 *
	(2.67)	(2.35)	(6.58)	(1.52)	(2.60)	(1.79)
PGDP1		-0.441		-0.145		-0.021
		(-1.65)		(-0.74)		(-0.09)

续表

	技术溢出效应中介检验		要素供给效应中介检验		生产率效应中介检验	
	(1)	(2)	(3)	(4)	(5)	(6)
Kshare		0.057		-1.018***		-0.885***
		(0.21)		(-4.53)		(-2.86)
Export		0.157		-0.035		0.074
		(1.35)		(-0.52)		(0.93)
Export_ ch		-0.018**		-0.014***		-0.013***
		(-2.30)		(-4.09)		(-3.17)
Labor		-11.824		-43.987***		-29.797**
		(-0.67)		(-3.75)		(-2.18)
Ledu		0.564		2.002***		0.142
		(0.55)		(3.11)		(0.19)
RD		0.019*				
		(1.82)				
Capital				9.475***		
				(11.68)		
Tfp						11.430***
						(4.79)
Constant	27.240***	-106.348***	5.404***	-102.343***	6.793***	-118.374***
	(24.67)	(-4.69)	(342.93)	(-3.07)	(1, 354.70)	(-6.48)
Year	Yes	Yes	Yes	Yes	Yes	Yes
Observations	271	271	347	347	347	347
R-squared	0.002	0.276	0.125	0.480	0.022	0.288
F	0.452	4.108	43.25	13.11	6.734	5.738

说明：***、**、*分别表示1%、5%、10%水平显著。

表5-5中第（1）列解释变量为中国对“一带一路”沿线国家的对外直接投资流量，被解释变量为“一带一路”沿线国家的技术溢出指标，其中OFDI1的系数为正且显著，说明中国对“一带一路”沿线国家的对外直接投资显著促进了“一带一路”沿线国家的技术提升。第（2）列中被解释变量为“一带一路”沿线东道国产业结构升级指数，中介变量为表征“一带一路”沿线国家技术溢出效应的指标*RD*，得到OFDI1的系数为

0.101，与初始回归中 OFDI1 的系数值 0.106 相比［见表 5－2 第（4）列］，下降了 0.005，且 *RD* 系数显著，这表明中国对外直接投资的确通过技术溢出这一重要渠道促进了“一带一路”沿线国家产业结构升级。但目前就中介检验的影响程度来看技术溢出效应较为微弱，这符合现有实际。“一带一路”沿线国家多为发展中国家，大多处于农业劳动生产率明显偏低、工业基础仍显薄弱、服务业发展滞后态势，同时中国对其对外直接投资也较多集中于能源、交通运输和农业领域，据统计，2005—2016 年中国对“一带一路”沿线国家能源投资达 5946.1 亿美元，占比总投资额的 40%①。因此“一带一路”沿线东道国自身的技术承接能力和来自中国的对外直接投资所具备的技术内涵均制约了技术溢出效应的充分发挥。

表 5－5 中第（3）列解释变量为中国对“一带一路”沿线国家的对外直接投资流量，被解释变量为“一带一路”沿线国家要素供给指标，OFDI1 的系数为 0.035，为正且显著，表明样本期内，中国对“一带一路”沿线国家的对外直接投资流量每增加一个单位，推动“一带一路”沿线东道国资本形成增加 0.035%，进而促进生产过程中资本要素的供给，且第（4）列被解释变量为“一带一路”沿线东道国产业结构升级指数，中介变量为表示“一带一路”沿线国家要素供给效应的指标 *Captial*，其中中国对“一带一路”沿线国家对外直接投资流量系数 0.078 小于初始回归的系数值 0.106，下降了 0.028，且 *Captial* 的系数显著为正，表明中国对外直接投资通过要素供给效应显著促进了“一带一路”沿线东道国产业结构升级。值得关注的是，在这一中介检验中，中国对“一带一路”沿线国家对外直接投资流量的系数相较初始检验下降幅度明显高于技术溢出效应，意味着从样本考察看，中国对外直接投资带来了较大的要素供给效应，弥补了“一带一路”沿线国家资本短缺、不利于其产业发展的现状。这与中国对外直接投资大规模进入“一带一路”沿线国家的基础设施建设产业相关，数据显示，中国机械工业集团、

① 数据为相关年度《中国对外直接投资统计公报》整理获得。

中国交建、国家电网及中国移动在“一带一路”沿线国家累计投资达1938亿美元①，这类投资直接转化为“一带一路”沿线国家固定资产的同时，也刺激和推动了“一带一路”沿线国家相关配套投资活动和经济活力，进而促进“一带一路”沿线国家产业结构升级。

表5－5中第（5）列解释变量为中国对“一带一路”沿线国家的对外直接投资流量，被解释变量为“一带一路”沿线国家生产率指标，其中OFDI1的系数为正且显著，表明中国对“一带一路”沿线国家的对外直接投资越多，则“一带一路”沿线国家全要素生产率越高。同时第（6）列被解释变量为“一带一路”沿线东道国产业结构升级指数，中介变量为表征“一带一路”沿线国家生产率效应的指标Tfp，其中OFDI1的系数为0.105，中介变量显著，这意味着生产率效应也是中国对外直接投资推动“一带一路”沿线国家产业结构升级的重要渠道之一。数据显示，2005—2016年，中国对“一带一路”沿线国家对外直接投资中的交通运输投资达2689.1亿美元，这类大规模的对外直接投资有效促进了“一带一路”沿线国家的基础设施发展，进而降低了“一带一路”沿线国家商品、知识及技术远距离传播的成本，优化区域内资源配置，为规模经济、产业聚集和市场扩张提供了空间，从而推动“一带一路”沿线国家整体生产率提升，进一步促进其产业结构升级。

五、进一步分析：区域差异

考虑到“一带一路”沿线东道国自身差异也会影响中国对外直接投资带来的产业结构升级效应，下面进一步对“一带一路”沿线东道国进行分区域考察。

首先，考虑中国向经济发展不同阶段的“一带一路”沿线东道国对外

① 数据来源于凤凰财经，http://finance.ifeng.com/a/20170514/15373673_0.shtml。

直接投资存在差异，因此选取 2010 年世界银行标准，按照人均国民收入 4035 美元将“一带一路”沿线东道国划分为中低收入和中高收入两类样本，进行检验，具体见表 5 - 6（分区域检验）第（1）—（2）列，发现中国向中低收入“一带一路”沿线国家的对外直接投资显著促进了当地产业结构升级，而向中高收入“一带一路”沿线国家的对外直接投资的产业结构升级效应为负，但不明显，这符合预期。从全球价值环流看，由于要素成本和比较优势的差异，“一带一路”沿线各国均处于不同发展阶段，凭借共建“一带一路”倡议，中国对“一带一路”沿线国家对外直接投资的迅速扩张加速了第四次产业转移浪潮（黄先海等，2017）。基于此，“顺梯度”将中国部分过剩产能和国内成熟产业通过对外直接投资转移至中低收入的“一带一路”沿线国家，有效引领了中低收入“一带一路”沿线国家融入或提高其在全球价值链中的布局，进而推动当地产业结构升级。而对于少数中高收入的“一带一路”沿线国家，中国对外直接投资则多为市场开拓和技术合作，这类投资长期看来有利于“倒逼”当地技术、生产率提升以促进产业结构升级，但短期可能会抑制其产业结构升级（贾妮莎等，2017），因而，在样本检验中，中国对中高收入“一带一路”沿线国家的对外直接投资的产业结构升级效应为负，但并不明显。

其次，考虑“一带一路”沿线国家的宗教、文化及风土人情特征较鲜明，中国可能会对不同人文国家的对外直接投资存在差异，因此本章根据是否包含华人经济圈将样本分为两类，具体见表 5 - 6（分区域检验）第（3）—（4）列，可以发现中国对外直接投资于有华人经济圈的“一带一路”沿线国家显著推动了其产业结构升级，而在没有华人经济圈的“一带一路”沿线国家样本中，中国对外直接投资对“一带一路”沿线东道国产业结构升级的促进作用并不明显。中国对外直接投资对不同人文经济体产业结构升级的异质性影响，可能与中国对外直接投资针对不同人文经济体的进入模式选择相关。现有研究表明，人文差异、东道国经济发展水平及其制度因素均会影响对外直接投资进入的模式选择（Harzing，2002；Kolstad 等，2012），且人文差异越大，对外直接投资越倾向跨国并购的进入模式，人文差异越小，对外直接投资越倾向于通过绿地投资进入东道国（綦建红等，2014）。而又根据麦肯锡的“七七定律”，跨国并购中有七成比例是失败的，其中又有七成比例失败于并购后的文化整合，同时据国际并购联盟数据显示，中国跨国并购的失败率约70%，因此，可以粗略得出，中国对外直接投资对人文差异较大的“一带一路”沿线国家倾向采取跨国并购的方式，而对人文有着密切渊源的国家，即有华人经济圈的国家倾向采取绿地投资的模式进入。正是由于中国对外直接投资进入模式及其成功率的差异，导致了中国对外直接投资对不同人文“一带一路”沿线国家产业结构升级的差异化影响。

最后，考虑中国对邻国和非邻国的投资可能存在差异，因此将样本按是否与中国相邻分为两类，结果见表5-6（分区域检验）第（5）—(6)列。发现中国对外直接投资于与自身相邻的“一带一路”沿线国家并未显著促进其产业结构升级，而投资于与自身不相邻的“一带一路”沿线国家则显著促进了其产业结构升级。究其缘由，可能与中国当前所处的政治地位及与邻国关系密切程度相关，綦建红等（2012）也曾得出相似结论，他指出在与中国的地理距离较小的组内，地理距离与中国对外直接投资规模呈负相关，在地理距离较大的组内，地理距离与中国对外直接投资规模呈正相关，而规模越大的对外直接投资越倾向于促进东道国产业结构升级（韩永辉等，2015）。正是中国对外直接投资这种不同投资规模偏好，导致对不同组别“一带一路”沿线国家产业结构升级存在异质性影响。

表5-6　　分区域检验

	中低收入（1）	中高收入（2）	没有华人经济圈（3）	有华人经济圈（4）	与中国相邻（5）	与中国不相邻（6）
OFDI1	0.227**	-0.017	-0.022	0.407**	-0.127	0.063*
	(2.15)	(-0.43)	(-0.36)	(2.26)	(-1.37)	(1.67)
PGDP1	4.717***	0.781***	0.988***	0.744	0.372*	0.450
	(4.66)	(5.00)	(2.99)	(1.01)	(1.67)	(0.63)

续表

	中低收入（1）	中高收入（2）	没有华人经济圈（3）	有华人经济圈（4）	与中国相邻（5）	与中国不相邻（6）
Kshare	10.648***	0.170	2.112***	-0.666*	1.193***	-0.253
	(4.17)	(1.42)	(3.37)	(-1.80)	(3.15)	(-0.64)
Export	0.142	-0.187***	0.083	-0.144	0.119	0.066
	(0.95)	(-2.72)	(0.97)	(-0.39)	(1.47)	(0.39)
Export_ ch	-0.024***	-0.009***	-0.011**	-0.044***	-0.017***	-0.022**
	(-2.86)	(-3.89)	(-2.23)	(-3.76)	(-3.72)	(-2.58)
Labor	-56.008**	-3.452	-54.126***	26.987	-17.386	-65.729**
	(-2.03)	(-0.38)	(-3.57)	(0.60)	(-1.63)	(-2.16)
Ledu	-1.445	-0.389	1.071	4.065*	1.176*	1.460
	(-1.13)	(-0.70)	(1.34)	(1.98)	(1.96)	(0.97)
Constant	-21.357***	-46.170***	-90.616***	-16.948***	-84.159***	-24.097***
	(-6.53)	(-3.58)	(-6.60)	(-4.24)	(-4.66)	(-5.71)
Year	Yes	Yes	Yes	Yes	Yes	Yes
Observations	185	162	262	85	197	150
R-squared	0.389	0.453	0.305	0.551	0.424	0.345
F	4.697	5.492	4.838	3.677	5.850	3.182

说明：***、**、*分别表示1%、5%、10%水平显著。

第四节　本章小结

本部分从外资来源国角度出发，强调中国对东道国的经济贡献，分析中国对外直接投资对东道国产业结构升级的影响及其作用机理。本章将对外直接投资看作任务生产的海外转移纳入生产函数，构建中国对外直接投资影响东道国产业结构升级的理论模型，并以中国与43个“一带一路”沿线东道国国家面板数据进行实证检验。结果发现：中国对东道国的对外直接投资显著促进了其产业结构升级。从数量上说，2003—2016年的13

年间，中国对外直接投资累计促进“一带一路”沿线东道国产业结构升级指数年均增长6.64个单位。且在替换解释变量、或替换被解释变量、或考虑逆向因果影响，以及改变计量方法后，结果仍稳健。进一步分析发现，中国对外直接投资通过技术溢出效应、要素供给效应及生产率效应作用于“一带一路”沿线东道国产业结构升级，其中，相比技术溢出效应和生产率效应，要素供给效应是中国对外直接投资推动“一带一路”沿线东道国产业结构升级的最重要渠道。同时发现，与中国高层互访能强化中国对外直接投资对“一带一路”沿线东道国产业结构升级带来的推动作用，即与中国关系越友好，越能享受中国对外直接投资带来的产业结构升级效应。

中国对外直接投资对“一带一路”沿线东道国产业结构升级的影响在异质性东道国间存在较大差异。首先，相对投资于中高收入的国家，投资于中低收入的国家更能促进“一带一路”沿线国家的产业结构升级；其次，中国对外直接投资更能显著推动与中国有相近人文、包含华人经济圈的国家的产业结构升级；最后，与中国非相邻的国家的产业结构升级效应强于与中国相邻的国家。以上结论证实了中国对不同国家的对外直接投资存在异质性偏好的事实，也说明了中国承担大国责任、考虑整体效应，实施差异化对外直接投资政策的必要性。

第六章　中国对外直接投资推动东道国技术创新

技术创新是一国产业结构提升的前提，因此本章拟以中国对外直接投资与东道国的技术创新数据为研究对象，实证检验中国对外直接投资对东道国技术创新的影响作用。重点考察三个问题，一是中国对外直接投资与东道国技术创新是否存在相关性，二是中国对外直接投资对东道国技术创新的影响是否遵循某种规律，三是这种影响是通过何种机制来进行的。

第一节　机制分析

一、中国对外直接投资对东道国技术创新的直接影响

技术创新是推动一国经济发展与增长的最重要手段，而外资能够促进东道国创新效率的提升，是模仿创新向自主创新转变的重要驱动力量，进而提升东道国的技术创新（Sipikal 和 Bucek，2013；杨振兵和张诚，2015）。另外，随着“一带一路”倡议的持续推进，中国对“一带一路”沿线国家进行了大范围投资，因此我们选用“一带一路”沿线国家为东道国样本。针对“一带一路”沿线发展中国家，中国对外直接投资遵循雁行理论（Akamatsu，1993），将在国内已处于产能过剩而在“一带一路”沿

线发展中国家仍处于朝阳发展的产业进行转移，不仅能够弥补“一带一路”沿线发展中国家资本不足的缺点，还带来了相对先进的生产技术、经营理念、管理经验和技能，并对当地员工进行先进的理念培训，促进被投资企业技术提升的同时，也刺激了本地企业模仿学习和创新改造。此外，东道国企业通过与上下游企业之间的链接效应，将学习获得的技术和经验扩散到整个市场，进而东道国企业技术创新能力得以提高。

针对“一带一路”沿线发达国家，中国对外直接投资在于整合东道国的先进技术和资源，这个过程会产生科技人员流动效应和竞争效应，从而推动东道国技术创新。一方面，中国对外直接投资进入“一带一路”沿线发达国家的过程，伴随着科技人员进入，这缘于投资的目的在于技术整合。因此这一过程意味着不同文化背景的科技人员进行融合，形成思想上和行动上的多样性，容易相互借鉴和学习，形成某种互补，进而促进被投资企业技术创新。同时，这一过程的实现也会伴随上下游企业的链接而进行扩散和传播，推动技术创新。另一方面，中国对外直接投资的进入会产生竞争效应，促使东道国企业更有效地进行资源整合，推动技术创新。中国进行对外直接投资企业的进入会在一定程度上打破东道国的市场垄断，给东道国企业带来竞争压力，迫使其不得不优化资源配置，促进技术创新（Lutz 和 Talavera；2004），例如，华为大举进驻欧洲市场在某种程度上推动了诺基亚和阿尔卡特－朗讯的合并进程，促使欧洲通信设备商重新进行资源整合，提升技术创新，以形成更强的竞争优势。

H1：相同条件下，中国对外直接投资显著促进东道国技术创新。

二、中国对外直接投资对东道国技术创新的间接影响

中国对外直接投资不仅能够直接影响东道国的技术创新，而且通过对全要素生产率、基础设施建设、研发投入的作用也会间接影响东道国的技术创新，以下我们进行分析。

研究表明对外直接投资的进入能够显著促进东道国全要素生产率增长，而全要素生产率是一国技术创新的前提，全要素生产率提高得越快，技术进步就越快（傅晓霞和吴利学，2013）。具体地，一方面，中国对外直接投资的进入加剧“一带一路”沿线国家市场竞争，导致生产率较低的企业无法在竞争中维持原有利润，不得不降低生产成本，被迫退出市场，推动市场重新向具有更高生产率的企业进行资源倾斜和资源配置，提高整个市场全要素生产率，即通过资源再配置提升全要素生产率。另一方面，“一带一路”沿线国家企业通过“干中学”模仿和学习中国跨国企业带来的相对先进技术、管理理念，摒弃相对落后的技术和理念，通过人员的沟通与流动，将由跨国公司带来的优良经验传导至整个行业乃至市场，促使东道国全要素生产率得以提升，为技术创新奠定良好的市场基础。

H2：中国对东道国的对外直接投资能够通过促进东道国的全要素生产率提升进而推动其技术创新。

良好的基础设施是实现一国技术创新的保障（Reddy，2000）。但“一带一路”沿线国家多为发展中国家，单凭本国的资本、技术、人员难以实现基础设施的大规模突破，这种贫乏的基础设施严重阻碍了其经济发展（Kristian，2011）。中国在基础设施上的产业、技术优势正好与“一带一路”沿线国家的资源优势、市场需求充分互补。数据显示，2003—2013年，中国对外直接投资对“一带一路”沿线国家基础设施水平的改善贡献率约为12%（黄亮雄等，2018）。截至2017年，中国机械工业集团、中国交建、国家电网及中国移动在“一带一路”沿线国家基础设施累计投资达1938亿美元①，与“一带一路”沿线国家已签署涉及铁路、公路、海运、航空和邮政的双边和区域运输协定高达130余个，说明中国对外直接投资有效推动了“一带一路”沿线国家的基础设施建设。而基础设施等互联互通的建设大力促进了“一带一路”沿线国家的进出口，出口的扩大会带来

① 数据来源于凤凰财经，http://finance.ifeng.com/a/20170514/15373673_0.shtml。

规模效应和产出效应，生产成本降低、利润提高，进而推动技术创新，进口的扩大会为“一带一路”沿线国家市场带来竞争，从而刺激本国进行技术创新。同时，基础设施的改善能够带来经济集群效应，缩小由于地理距离而产生的经济距离，推动经济集群中由企业多样性和较大的规模密度带来的“一带一路”沿线国家生产率和技术创新的提升（Chatman 等，2011）。

H3：中国对东道国的对外直接投资能够通过促进其基础设施建设进而推动其技术创新。

一国研发投资越多，技术潜在能力越大，就越可能产生创新（Romer，1990）。跨国企业在东道国建立独资研发机构、战略技术联盟、与非营利性研究机构合作有效实现技术本土化的同时，也带来了“示范效应”和“竞争效应”，东道国企业会采取战略性和防御性的跟进措施，主动扩大研发投资规模，从而提高东道国企业的技术创新水平。具体来看，首先，为确保本国企业能够承接由对外直接投资带来的技术溢出，东道国会加大研发经费投入为吸收技术和技术创新提供资金保障。研究表明，技术差距过大或过小均不利于对外直接投资在东道国的技术溢出，只有东道国人力资本存量足够丰裕时，东道国才能有效吸收对外直接投资的技术溢出（张斌盛，2016）。其次，对外直接投资的进入加剧了东道国的市场竞争，为了重新获取更高利润和占领市场，本土企业不得不采取防御性的跟进措施，加大研发投入以促进本土企业的技术创新，应对来自外部的冲击。因此，外资的进驻不仅带来了先进技术，也从根本上刺激了本土企业重视对技术创新的态度。

H4：中国对东道国的对外直接投资能够刺激其加大研发投入进而推动其技术创新。

第二节　模型设计

为了具体考察中国对外直接投资对“一带一路”沿线国家技术创新的

影响，本节将来源于中国的对外直接投资从“一带一路”沿线国家总的外商直接投资中剥离出来，检验中国对“一带一路”沿线国家的对外直接投资对其技术创新的影响，并进一步验证其影响机制。

构建回归模型检验中国对外直接投资对“一带一路”沿线国家技术创新的影响，设定如下：

$$RD_{it} = \alpha + \beta_1 OFDI_{it} + \delta_1 X_{it} + \varepsilon_{it} \tag{6.1}$$

其中，i 和 t 分别表示“一带一路”沿线国家和年份。RD 表示“一带一路”沿线国家的技术创新水平，$OFDI$ 表示中国对“一带一路”沿线国家的直接投资，X 表示控制变量，具体包括“一带一路”沿线国家经济发展水平、资本密度、除中国外该国吸引的其他外商投资、贸易开放度、政治制度质量、知识存量等。

进一步通过理论机制分析发现，中国对外直接投资通过影响“一带一路”沿线国家的生产率水平、基础设施建设以及研发支出来作用于“一带一路”沿线东道国的技术创新，为了识别这些影响机制，采用中介效应方法，具体检验思路为：

首先，要检验中国对“一带一路”沿线国家的直接投资对其技术创新的影响，用模型（6.2）来表示，如果系数 ϕ_1 显著，接着进行检验，如果系数 ϕ_1 不显著，说明不存在中介效应，停止检验。

其次，要检验中国对“一带一路”沿线国家的对外直接投资和中介变量（东道国生产率水平、基础设施建设、研发投入）之间的回归方程，见模型（6.3），W_{it}表示中介变量。如果系数 ϕ_2 显著，接着进行检验，如果系数 ϕ_2 不显著，进行 Sobel 检验（边缘检验）。

最后，将中国对“一带一路”沿线国家的对外直接投资和中介变量同时考虑进模型中，检验中介变量（东道国生产率水平、基础设施建设、研发投入）和其技术创新之间的关系，也就是模型（6.4）的系数 ϕ_4 是否显著。如果显著，则说明中介效应存在，中介效应用（$\phi_1 - \phi_3$）来衡量；如果 ϕ_4 不显著，则需要做 Sobel 检验（边缘检验）。中介效应检验如图 6－1

所示。

$$RD_{it} = \gamma_1 + \phi_1 OFDI_{it} + \varphi X_{it} + \varepsilon_{it} \tag{6.2}$$

$$W_{it} = \lambda + \phi_2 OFDI_{it} + \mu_{it} \tag{6.3}$$

$$RD_{it} = \kappa + \phi_3 OFDI_{it} + \varphi_1 X_{it} + \phi_4 W_{it} + \vartheta_{it} \tag{6.4}$$

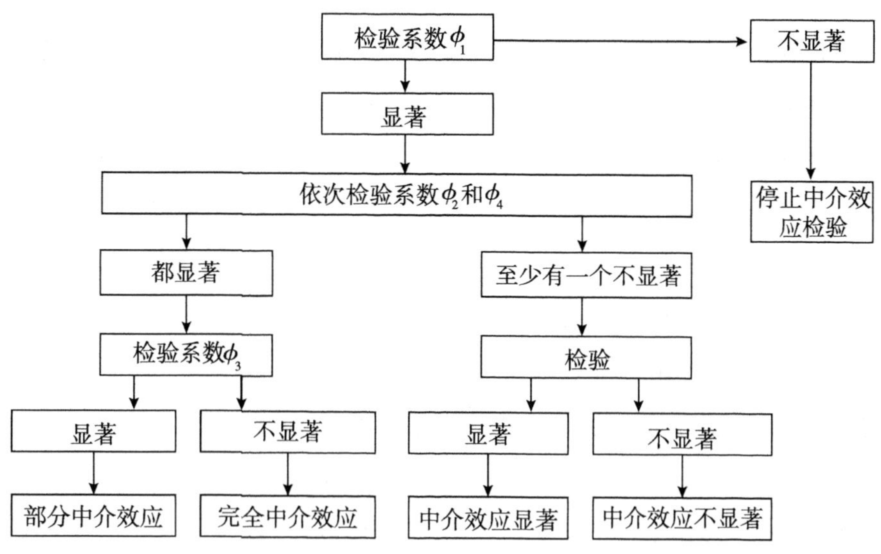

图 6－1　中介效应检验

第三节　数据说明

技术创新数据：现有一国技术创新的测度主要包括创新产出和创新投入两个视角，但由于本章考察重点是中国对外直接投资对“一带一路”沿线国家的技术创新的影响，而这种影响更多体现于带来的新技术、新产品、基础设施建设等对“一带一路”沿线国家创新产出的影响，对“一带一路”沿线国家创新投入决策产生的影响微小。因此，本章选取创新产出作为技术创新的度量，参考李兵等（2016）等人文献选用“一带一路”沿线国家居民专利申请量度量一国的技术创新，选用单位劳动人口专利申请对数作为稳健型检验。

中国对“一带一路”沿线国家的对外直接投资：用当年中国对“一带一路”沿线国家的对外直接投资流量数据表示，中国对“一带一路”沿线国家的对外直接投资存量数据作为稳健型检验。

其他控制变量：经济发展水平（PGDP），用人均 GDP 取对数进行测度；资本密度（KSHARE），用人均资本存量取对数衡量；为了控制其他外商直接投资（FDI）对“一带一路”沿线国家技术创新的影响，我们加入除中国外该国吸引的外商直接投资（FDI），用一国当年吸引的除中国外的外商直接投资（FDI）流量衡量；贸易开放度（OPEN）也被认为会作用于当地的技术创新，用一国的进出口总额取对数测度；政治制度质量（POL），参考黄亮雄等（2018）的做法，采用世界银行构建的“全球治理指标（WGI）”，将包括法律制度、规制质量、政治稳定性、政府有效性、腐败控制、话语问责权六方面的估计均值进行加总测度一国的政治制度质量，该值越高代表政治制度越好。政治制度环境是微观企业进行创新能力提升的主要影响因素（李宏贵等，2018），因此我们控制该变量；知识存量（EDU），用“一带一路”沿线国家高等院校入学率度量，于泽等（2014）指出知识积累、人力资本是影响一国技术创新和产业结构升级的重要因素。

中介变量包括：生产率效应（TFP），用沿线国家全要素生产率度量，采用索罗剩余法进行测算；基础设施建设（TRAN），用“一带一路”沿线国家铁路总里程数测度其基础设施建设；研发投入（RD3），用“一带一路”沿线国家研发投入占 GDP 比重测度。

上述变量，技术创新、经济发展水平、资本密度、贸易开放度、政治制度质量、知识存量均来源于《世界银行数据库》，以 2010 年不变价美元计算。除中国外该国吸引的外商直接投资（FDI）由《世界银行数据库》和相关年度《中国对外直接投资统计公报》计算而得，中国对“一带一路”沿线国家的对外直接投资存量和流量数据来源于相关年度《中国对外直接投资统计公报》（以下简称《公报》）。由于《公报》始于2003年，且部分“一带一路”沿线国家各别年份数据缺失，因此本节使用样本为2003—2016年43个“一带一路”沿线国家的非平衡面板数据。变量的相关说明及描述性统计如表6－1所示。

表6－1　　变量的相关说明及描述性统计

变量类型	变量说明	符号	样本	均值	标准差	最小值	最大值
被解释变量	居民专利申请量（个）	RD1	342	2237	5234	2	29269
	商标申请数量（个）	RD2	342	23767	35226	310	274817
解释变量	中国OFDI流量（百万美元）	OFDI1	342	115.8	310.6	－2510	2961
	中国OFDI存量（百万美元）	OFDI2	145	1247	2033	0.01	14020
	美国OFDI流量（百万美元）	US_ OFDI	294	5212.89	6117.91	－584	35361
控制变量	不变价计算的人均GDP取对数	Log_ PGDP	342	8.49	1.11	6.31	10.49
	不变价计算的人均资本存量取对数	Log_ Kshare	342	70.1	11.52	39.45	96.65
	除中国外该国吸引的FDI（百万美元）	FDI	342	7564.27	11620.33	－20933.54	75013
	除中国美国外该国吸引的FDI（百万美元）	FDI1	294	3355.95	10276.61	－25170.54	71276
	政治制度质量	POL	342	－1.49	3.93	－9.28	6.56
	知识存量	EDU	342	43.33	23.57	2.73	110.3
IV	中国对该国的OFDI占该国总FDI的比重	Log_ rate	314	－14.54	2.63	－21.19	－8.22

续表

变量类型	变量说明	符号	样本	均值	标准差	最小值	最大值
中介变量	全要素生产率	TFP	342	0.07	0.58	-1.23	12.07
	基础设施建设	TRAN	285	11921	19719	417	85542
	研发投入	RD3	267	0.74	0.78	0.04	4.41

第四节　实证结果分析

一、直接影响

首先检验中国对外直接投资（OFDI）对“一带一路”沿线国家技术创新的影响（中国 OFDI 对东道国技术创新的影响见表 6－2）。其中第（1）—（4）列为中国 OFDI 对东道国技术创新的直接影响，核心解释变量为居民中国 OFDI 流量，被解释变量为居民专利申请量。可以看出，核心解释变量均显著为正，从其经济意义来看，以第（4）列为例，中国对东道国对外直接投资每增加一个单位，东道国专利申请会提高约 0.636 个单位，约能提高专利申请的 0.03%（0.64/2237＝0.03%），验证了 H1。按此推动作用，样本期 2003—2016 年，中国对“一带一路”沿线国家的对外直接投资年均增长 62.69%，累积增长 559.60 倍，推动“一带一路”沿线国家专利申请年均提升 0.02%，共推动专利申请提升 0.17%。这表明中国对东道国的对外直接投资显著促进了其技术创新。

这种现象可以从中国对“一带一路”沿线国家投资的溢出效应和“一带一路”沿线国家所处现状予以解释。一方面，“一带一路”沿线国家多为发展中国家，产业技术升级缓慢，技术层次较低，单凭一国实力难以实

表 6-2　中国 OFDI 对东道国技术创新的影响

	(1)	(2)	(3)	(4)
OFDI1	1.287***	0.844***	0.560**	0.636***
	(5.43)	(3.52)	(2.54)	(2.82)
Log_ PGDP		0.265***	0.100	0.347***
		(3.00)	(1.19)	(2.82)
Log_ Kshare		0.116	0.660	0.456*
		(0.24)	(1.43)	(1.92)
FDI			0.018***	0.016**
			(2.66)	(2.13)
POL			-0.453***	-0.535***
			(-4.72)	(-5.12)
EDU			45.929***	56.241***
			(5.45)	(5.93)
Constant	20.882***	-211.189***	-137.202***	-329.903***
	(30.46)	(-4.17)	(-2.76)	(-3.85)
Country FE	YES	YES	YES	YES
Year FE	NO	NO	NO	YES
Observations	342	342	342	342
R-squared	0.090	0.176	0.334	0.357
F	29.49	21.09	24.54	8.17

注：***、**、*分别表示 1%、5%、10% 水平显著。

现产业结构升级、技术创新等，而中国对其投资则通过培训效应、科技人员流动效应，促使其快速实现新旧技术的置换，进而全要素生产率得以提升，并通过竞争效应、示范效应和加速扩散效应刺激其加大对研发创新的投入，进而推动“一带一路”沿线国家的技术创新。另一方面，2005—2016 年，“一带一路”沿线国家基础设施发展的总指数呈现了逆经济周期的特点，东盟和中东欧地区的基础设施建设发展势头表现尤为强劲，其中，中国对“一带一路”沿线国家的对外直接投资中，交通运输行业投资达 2689.1 亿美元，成为投资“一带一路”沿线国家基础设施建设最多的国家之一，这类大规模的对外直接投资有效促进了“一带一路”沿线国家的基础设施发展，其中铁路建设领域最为突出，这有效推动了“一带一路”沿线国家的经济集群，通过外部规模经济和多样性有力改善了“一带一路”沿线国家的技术创新环境并提高了其生产率（Chatman 等，2011），进而推动技术创新。

控制变量上，一国经济发展水平（PGDP）对技术创新具有显著的促进作用，这是由于一国经济越发达，其高科技产业及研发投入比重越高，从而有利于促进一国的整体技术创新水平。资本密度（KSHARE）系数显著为正，说明资本积累有利于推动其技术创新，这与传统理论预期相符。内生增长理论认为，资本积累与创新是相辅相成的关系，资本深化过程将有利于提高均衡利润流进而刺激技术创新。除中国外该国吸引的外商直接投资（FDI）系数显著为正，说明除中国外的外商直接投资也有力推动了东道国的技术创新，研究表明，无论是线性关系还是非线性关系，外商直接投资对东道国均有正向技术溢出效应（姚洋，1998）。“一带一路”沿线国家政治制度质量（POL）与技术创新负相关，这是因为“一带一路”沿线国家中多为新兴国家，复杂多变的政治制度质量与社会文化和组织感知力也一起进行着变革，因此会给当地技术创新带来巨大挑战，进而抑制技术创新。东道国知识存量（EDU）系数显著为正，说明一国受高等教育人员比例越高，当地的技术创新水平越强，这与现有结论和理论相符。

二、间接影响

根据前文理论机制分析，中国对外直接投资对东道国技术创新不仅具有直接影响，而且主要通过改善其基础设施、刺激其提高研发投入和促进其生产率提升三个渠道发挥对东道国技术创新的作用，为了验证其间接影响，本部分采用中介效应模型考察，中介效应检验如表 6 - 3 所示。

表 6 - 3 中第（1）列核心解释变量为中国在东道国的对外直接投资流量，被解释变量为东道国基础设施建设，核心解释变量 OFDI1 系数显著为

正，表明中国对外直接投资推动了东道国基础设施建设，第（2）列被解释变量为东道国的技术创新水平，中介变量为东道国基础设施建设（TRAN），该列中 OFDI1 系数显著为正，值得关注的是，系数 0.516 小于初始回归系数 0.636［表 2 第（4）列］，下降了 0.12，且东道国基础设施建设（TRAN）系数显著为正，证实了 H3，表明中国对外直接投资通过改善东道国基础设施显著推动了其技术创新。需要注意的是，这一中介效应中，中国对“一带一路”沿线国家对外直接投资的系数相较初始检验下降幅度基本与生产率中介检验［表 6 – 3 第（6）列］持平，意味着从样本考察看，通过改善“一带一路”沿线国家的基础设施和推动当地生产率提升对当地的技术创新促进作用大致相当。

表 6 – 3 中第（3）列被解释变量为“一带一路”沿线国家研发投入，核心解释变量 OFDI1 系数为正，但不显著。同时第（4）列被解释变量为东道国的技术创新水平，中介变量为东道国的研发投入 RD3，其中 OFDI1 的系数为正且显著（0.719），并高于初始回归值（0.636），考虑是否存在掩盖效应。由于中介变量不显著，需要做 Sobel 检验（边缘检验），Sobel 检验（边缘检验）结果显示不显著，意味着通过刺激研发投入不是中国对外直接投资推动“一带一路”沿线国家技术创新的重要渠道，假设 H4 未能得到验证。究其缘由，这与现阶段中国对“一带一路”沿线国家的转移产业所处价值链和“一带一路”沿线国家多为发展中国家相关。一方面，中国进入“一带一路”沿线国家的产业虽高于“一带一路”沿线国家产业所处价值链位置，但产业间距离较近，技术差距较小。另一方面，“一带一路”沿线国家大多处于农业劳动生产率明显偏低、工业基础较为薄弱、服务业发展滞后的态势。因此，中国对外直接投资的进入对当地企业形成的互补效应高于竞争效应，“一带一路”沿线国家更倾向于选择直接沿用和学习引进技术，防御性的跟进措施实施较少，导致中国对外直接投资对“一带一路”沿线国家研发投入的刺激作用较小。

表 6 – 3 中第（5）列被解释变量为东道国的全要素生产率，该列核心

解释变量 OFDI1 系数显著为正，说明来自中国的对外直接投资的确促进了“一带一路”沿线国家的生产率提升。第（6）列中被解释变量为“一带一路”沿线国家技术创新水平，发现中介变量全要素生产率显著为正，且核心解释变量 OFDI1 的系数为 0.517，与初始回归中 OFDI1 的系数值 0.636 相比［见表 2 第（4）列］，下降了 0.119，证实了 H2，这也说明中国对“一带一路”沿线国家的直接投资的确快速推动了“一带一路”沿线国家的生产率提升，进而推动其技术创新。值得关注的是，生产率中介效应的影响高达 0.119，究其缘由，这与中国和“一带一路”沿线国家产业间所处价值链位置高度互补重叠相关。一方面，中国跨国企业的进入倒逼生产率较低的东道国同类企业退出市场，重新将资源向更高生产率的企业进行配置，促进整个市场生产率和技术创新的提升。另一方面，中国进入“一带一路”沿线国家的产业高于“一带一路”沿线国家产业所处价值链位置且距离较近，因此“一带一路”沿线国家更好地承接了中国对外直接投资带来的技术外溢，促进其生产率提高，为其技术创新奠定了良好的市场基础。

进一步地，本部分将三个中介变量同时纳入模型，如表 6－3 第（7）列所示。核心解释变量 OFDI1 仍显著为正，且东道国基础设施建设（TRAN）和全要素生产率（TFP）均显著为正，说明中国通过产业转移来促进“一带一路”沿线国家生产率提升和通过对“一带一路”沿线国家基础设施的投资均能有效推动当地技术创新。

表 6－3　　中介效应检验

	基础设施中介检验		研发投入中介检验		生产率中介检验		联合检验
	TRAN(1)	**RD1(2)**	**RD3(3)**	**RD1(4)**	**TFP(5)**	**RD1(6)**	**RD1(7)**
OFDI1	0.387***	0.516**	0.000	0.719***	5.708***	0.517**	0.641**
	(4.59)	(2.11)	(1.30)	(2.80)	(3.87)	(2.40)	(2.47)
Log_PGDP		0.181		0.299**		−2.406***	−1.357*
		(1.33)		(2.02)		(−4.75)	(−1.95)
Log_Kshare		0.487		0.856		12.666***	7.455**
		(0.89)		(1.49)		(5.66)	(2.44)
FDI		0.018**		0.016**		0.009	0.016*
		(2.26)		(2.04)		(1.24)	(1.90)

续表

	基础设施中介检验		研发投入中介检验		生产率中介检验		联合检验
	TRAN(1)	**RD1(2)**	**RD3(3)**	**RD1(4)**	**TFP(5)**	**RD1(6)**	**RD1(7)**
POL		-0.364***		-0.555***		-0.551***	-0.386***
		(-2.88)		(-4.25)		(-5.55)	(-2.73)
EDU		32.904***		51.119***		58.918***	29.425**
		(3.11)		(4.50)		(6.53)	(2.37)
TRAN		1.310***					1.009***
		(6.62)					(4.12)
RD3				-463.407			134.856
				(-0.91)			(0.24)
TFP						0.272***	0.159**
						(5.58)	(2.32)
Constant	118.762***	-338.376***	0.732***	-316.930***	60.021***	1128.508***	492.676
	(488.48)	(-3.65)	(71.48)	(-2.98)	(14.08)	(4.12)	(1.29)
Country FE	YES	YES	YES	YES	YES	YES	YES
Year FE	YES	YES	YES	YES	YES	YES	YES
Observations	285	285	267	267	342	342	240
R - squared	0.078	0.473	0.007	0.348	0.048	0.421	0.433
F	21.07	10.30	1.701	5.974	15.00	10.16	6.788
Sobel 检验	—		Z=0.48,中介效应不显著		—		—

注：Sobel 检验（边缘检验）统计量在5%显著水平上的临界值为0.97。

***、**、* 分别表示1%、5%、10%水平显著。

三、稳健型检验

为了考察中国在“一带一路”沿线国家的对外直接投资的技术创新效应的稳健性，我们进行一系列稳健型检验。

首先，选用替换指标来进行稳健型检验：其一，选取中国对“一带一路”沿线国家对外直接投资存量这一指标，替代中国对“一带一路”沿线国家的对外直接投资流量，具体见表6-4第（1）列，回归结果表明中国对“一带一路”沿线国家对外直接投资存量每增加1个单位，“一带一路”沿线国家技术创新指数增加0.241个单位。其二，Graham 和 Hancock

(2014) 等多位学者指出，商标申请是衡量创新活动最有效的手段之一，且其涵盖了创新活动的大部分领域。

其次，基本回归结果可能存在逆向因果，即究竟是中国对“一带一路”沿线国家的对外直接投资促进了“一带一路”沿线国家的技术创新，还是“一带一路”沿线国家的技术创新吸引了中国对“一带一路”沿线国家进行对外直接投资。为此，本部分采取以下方法进行检验，一是选取“一带一路”沿线国家外商直接投资中来自中国的投资流量占比作为工具变量进行IV估计，见表6-4第（3）列，中国对“一带一路”沿线国家对外直接投资每增长1%，“一带一路”沿线国家技术创新指数提升1.906个单位，且第一阶段拒绝了F检验（联合假设检验）的原假设、第二阶段通过了拒绝LM检验（拉格朗日乘数检验）的原假设并通过了Wald F检验（沃尔德检验）的原假设，可以排除弱工具变量问题和工具变量识别不足问题。二是控制上期“一带一路”沿线国家技术创新情况，即加入被解释变量的滞后项进入模型进行sysGMM（系统广义矩）估计，具体结果见表6-4第（4）列，OFDI1系数同样显著为正，可见中国对“一带一路”沿线国家的对外直接投资的确显著推动了“一带一路”沿线国家技术创新。三是选取弱内生性子样本进行考察，即中国对外直接投资与“一带一路”沿线国家技术创新若存在反向因果，则该内生关系在技术创新水平较高的国家应更明显，技术创新水平较低的样本国家的内生性则较低，因此选取技术创新水平较低的“一带一路”沿线国家进行检验，观察结果是否稳健。具体做法如下，挑选技术创新水平低于31.08分的国家作为弱内生性子样本①，结果见表6-4第（5）列。为了保证弱内生性子样本结果稳健，我们将样本国按照技术创新水平的打分均分为四类，具体为高创新水平、中高创新水平、中低创新水平和低创新水平，挑选除了高创新水平的国家作为弱内生性子样本，结果见表

---

① 根据世界知识产权组织发布的“2018年全球创新指数报告”的得分数据将“一带一路”沿线国家划分为了高低水平，低于31.08分为创新指数低创新水平国家。

6-4第（6）列，发现第（5）—（6）列采用技术创新水平较低的国家进行回归，中国对“一带一路”沿线国家对外直接投资的系数均显著为正。以上结果表明中国对“一带一路”沿线国家的对外直接投资的确推动了“一带一路”沿线国家的技术创新。

表6-4　稳健型检验

	(1)FE	(2)FE	(3)IV	(4)sysGMM	(5)技术创新水平低于31.08的国家	(6)技术创新水平低于38的国家
OFDI1		3.233**	1.906*	0.802***	0.221*	0.510*
		(2.25)	(1.93)	(10.24)	(1.92)	(1.96)
OFDI2	0.241***					
	(3.73)					
L. RD1				0.592***		
				(30.78)		
Log_PGDP	0.663***	9.202***	-0.048	0.090***	0.017	0.389**
	(3.94)	(5.78)	(-0.40)	(4.18)	(0.39)	(2.50)
Log_Kshare	0.594	-4.452	0.906*	0.120	0.059	-0.633
	(0.89)	(-0.71)	(1.89)	(1.55)	(0.42)	(-0.98)
FDI	0.042***	0.298***	0.024**	0.008***	0.024**	0.040***
	(3.90)	(3.50)	(2.40)	(3.95)	(2.53)	(3.21)
POL	-0.748***	-5.178***	-0.440***	-0.240***	-0.100***	-0.863***
	(-4.72)	(-4.31)	(-2.98)	(-4.04)	(-2.73)	(-5.92)
EDU	11.042	490.676***	44.547***	10.721***	-3.903	66.376***
	(0.44)	(4.39)	(3.93)	(3.14)	(-0.52)	(5.31)
Constant	-574.554***	-735.733***	—	—	-16.205	-297.229***
	(-4.69)	(-6.92)	—	—	(-0.52)	(-2.70)
Country FE	YES	YES	YES	YES	YES	YES
Year FE	YES	YES	YES	YES	YES	YES
Observations	145	334	309	218	108	223
R-squared	0.536	0.387	0.375	—	0.321	0.496
F	6.31	9.05	9.65	—	1.82	9.08

续表

	(1)FE	(2)FE	(3)IV	(4)sysGMM	(5)技术创新水平低于31.08的国家	(6)技术创新水平低于38的国家
一阶段 F Test	—	—	17.21	—	—	—
LM	—	—	16.89	—	—	—
Wald F	—	—	17.21	—	—	—
AR(2)	—	—	—	0.172	—	—
Hansen	—	—	—	1.00	—	—

注：***、**、*分别表示1%、5%、10%水平显著；表中弱识别检验临界值：最大显著性检验水平扭曲程度15%为8.96。

四、进一步分析：区域差异

中国对外直接投资的分布存在明显的区域特征。接下来我们进一步从历史积淀差异、地理距离和文化差异等维度对“一带一路”沿线国家进行分区域考察，以剖析中国对外直接投资对东道国技术创新效应的区域异质性，辨明其积极作用的基础与环境。

首先，我们按照历史积淀差异以及传统货物运输方式的不同，将“一带一路”沿线国家区分为“一带”国家和“一路”国家①，分别对其进行检验，（分区域检验如表6－5所示）。表6－5中第（1）列和第（2）列数据显示，中国对“一路”国家的对外直接投资显著促进了投资所在国的技

① 样本内“一带”国家包括：哈萨克斯坦、吉尔吉斯斯坦、塔吉克斯坦、俄罗斯、乌克兰、白俄罗斯、格鲁吉亚、阿塞拜疆、印度、巴基斯坦、阿富汗、沙特阿拉伯、伊朗、土耳其；“一路”国家包括：以色列、埃及、黎巴嫩、巴林、也门、波兰、罗马尼亚、捷克、斯洛伐克、保加利亚、匈牙利、拉脱维亚、立陶宛、克罗地亚、阿尔巴尼亚、塞尔维亚、马其顿、蒙古、印度尼西亚、泰国、马来西亚、越南、菲律宾、柬埔寨、老挝、文莱、孟加拉国、斯里兰卡、尼泊尔。

术创新，而向“一带”国家的对外直接投资对当地技术创新的作用并不明显。究其缘由，一方面，“一路”国家和“一带”国家与中国在产业结构、收入等方面的差异导致中国在“一带一路”沿线国家不同地区的对外直接投资技术溢出有区别。根据 Linder（1961）的相互需求理论，收入差距较小的国家更容易在投资和贸易领域达成协作。“一路”核心国家经济规模较小且经济稳定性较好，可以更好地承接中国东南沿海地区的劳动密集型产业转移，且当前已取得一定成效，如越南、印度尼西亚等国承接了中国东南沿海地区部分加工业的产业转移。而“一带”国家仍有部分处于宗教冲突、政治动荡之中，经济水平较差且不稳定，产业转移承受能力较差。另一方面，对“一路”国家和“一带”国家的投资类型不同导致中国对外直接投资对“一带一路”沿线国家的技术创新影响有所区别。“一带”国家多为能源战略物资大国，中国投资进入“一带”国家多为战略资源寻求型，这类投资规模大、周期长且对当地技术创新的影响具有滞后性。事实上通过样本期内数据也发现，中国对“一带”国家年均对外直接投资流量虽明显高于“一路”国家年均对外直接投资流量，但“一带”国家的对外直接投资流量波动幅度也较大，表现出投资的不稳定，中国投资突然的增加可能多为政治、资源上的需求。因此相较于“一带”国家，中国针对“一路”国家持续、稳定的对外直接投资可能更有利于促进其经济发展和技术创新。

其次，考虑中国与“一带一路”沿线国家的地理距离可能会导致对外直接投资的技术创新效应产生差异，因此本部分将样本划分为与中国相邻和与中国不相邻两类，见表 6 - 5 第（3）—（4）列。中国向不相邻的“一带一路”沿线国家投资会显著促进其技术创新，而向相邻的“一带一路”沿线国家投资则对其技术创新的推动作用不明显。究其缘由，这可能与中国企业当前的投资策略及中国与邻国的政治关系密切程度相关。一方面，中国企业在投资策略上倾向于向与自身地理距离较大的国家进行大规模投资（綦建红等，2012）；另一方面，中国国土幅员辽阔，陆上相邻国家 14

个，这其中有的国家经济、政治独立性相对较弱，有的国家与中国有领土纷争，而这两类问题均会影响中国对外直接投资与当地企业的合作顺畅程度，进一步影响对其技术创新的推动。因此基于中国对外直接投资的偏好和当前所处政治地位，中国对外直接投资对与中国不相邻的“一带一路”沿线国家的技术创新推动作用更显著。

最后，考虑“一带一路”沿线国家与中国的文化及风土人情差异程度，将“一带一路”沿线国家按照是否包含华人经济圈分为两类，具体见表6－5第（5）—（6）列，结果表明中国向包含华人经济圈的“一带一路”沿线国家进行投资并不能有效促进其技术创新，而向没有华人经济圈的“一带一路”沿线国家投资则能有效推动其技术创新。究其缘由，一方面，这是因为相较于包含华人经济圈的“一带一路”沿线国家，不包含华人经济圈的“一带一路”沿线国家和中国的文化差异更大，而文化在思想和技能上的多样性，容易形成某种互补，进而有利于企业获取更高的经济效率和促进新产品的产出（Ahern等，2015），推动技术创新；另一方面，向包含华人经济圈的“一带一路”沿线国家进行投资虽然有助于防止机会主义行为，为中国跨国企业提供契约保障（杨亚平和高玥，2017），但是华人经济圈与中国企业的强关系网络也排斥了“一带一路”沿线国家的企业，减少了与“一带一路”沿线国家的信息交流和资源交换（衣长军等，2017），从而不利于推动“一带一路”沿线国家技术创新。因此，进入不包含华人经济圈的“一带一路”沿线国家的对外直接投资其技术创新推动作用明显。

表6－5　分区域检验

	（1）“一带”国家	（2）“一路”国家	（3）与中国相邻	（4）与中国不相邻	（5）包含华人经济圈	（6）不包含华人经济圈
OFDI1	0.529	0.213*	0.526	1.626**	0.118	0.814***
	(1.48)	(1.81)	(1.48)	(2.38)	(1.06)	(2.94)
log_PGDP	0.583***	−0.001	0.681***	−0.000	−0.060	0.511***
	(2.72)	(−0.06)	(3.31)	(−0.00)	(−0.91)	(3.46)
log_Kshare	0.328	−0.000	0.494	0.580	0.185	0.232
	(0.39)	(−0.00)	(0.67)	(1.09)	(0.73)	(0.39)

续表

	(1)"一带"国家	(2)"一路"国家	(3)与中国相邻	(4)与中国不相邻	(5)包含华人经济圈	(6)不包含华人经济圈
FDI	0.034**	0.000	0.048***	-0.008	0.014*	0.016*
	(2.02)	(0.10)	(4.14)	(-0.80)	(1.93)	(1.97)
Pol	-1.219***	0.055**	-0.711***	-0.347***	-0.043	-0.684***
	(-4.51)	(2.01)	(-4.43)	(-3.65)	(-1.38)	(-4.96)
Edu	70.923***	2.750	25.160	49.955***	-1.551	56.536***
	(4.12)	(0.81)	(0.81)	(5.30)	(-0.19)	(5.24)
Constant	-525.073***	2.262	-542.371***	-58.936	38.186	-454.699***
	(-3.43)	(0.22)	(-3.94)	(-1.39)	(0.85)	(-4.42)
Country FE	YES	YES	YES	YES	YES	YES
Year FE	YES	YES	YES	YES	YES	YES
Observations	139	203	119	222	68	274
R-squared	0.546	0.290	0.622	0.336	0.692	0.404
F	6.71	3.54	8.04	4.61	5.38	7.81

注：***、**、*分别表示1%、5%、10%水平显著。

第五节　本章小结

本节立足东道国分析中国对外直接投资对东道国的技术创新的影响，并以43个“一带一路”沿线国家的面板数据实证检验了中国对外直接投资对东道国技术创新的影响效应及其影响机制。主要结论包括：第一，从总体上看，中国对“一带一路”沿线国家的对外直接投资显著推动了“一带一路”沿线国家的技术创新，在数量上，2003—2016年，中国对外直接投资共推动“一带一路”沿线国家专利申请提升0.17%，且在替换解释变量、被解释变量，或考虑逆向因果后，结果仍稳健。第二，就影响机制看，中国对外直接投资会通过基础设施建设、生产率效应影响“一带一路”沿线国家技术创新，而中国对外直接投资对“一带一路”沿线国家的研发投入刺激并不足以影响“一带一路”沿线国家的技术创新。第三，分区域分析发现，相较于“一带”国家，中国对外直接投资更有利于推动“一路”国家的技术创新；相较于向与中国相邻的“一带一路”沿线国家投资，中国向与自身不相邻的“一带一路”沿线国家投资更能推动“一带一路”沿线国家的技术创新；相较于向包含华人经济圈的“一带一路”沿线国家投资，中国向不包含华人经济圈的“一带一路”沿线国家投资更能显著推动其技术创新。

第七章　结论和政策建议

第一节　本书主要结论

全球经济治理正面临反全球化浪潮冲击、区域一体化解体风险以及日益严峻的贸易保护主义倾向。中国如何在急剧变幻的国际大环境中明确角色定位并发挥积极影响力，成为突破旧有格局和贡献自身智慧的关键。本书以分工作为出发点，探讨了对外直接投资与产业结构升级之间的关系，并对此进行了理论分析和实证检验。在理论上，我们利用 Grossman 和 Rossi－Hansberg（2008）的理论框架以及郑若谷（2011）的研究框架对对外直接投资的产业结构升级效应进行理论分析，并在此基础上区分了顺梯度对外直接投资和逆梯度对外直接投资对产业内、产业间结构变动的不同影响。在此理论框架基础上，我们运用中国和东道国面板数据进行了实证检验，首先，本文通过利用商务部提供的《中国对外直接投资企业名录》和《世界银行数据库》提供的面板数据检验了中国对外直接投资对东道国产业结构升级的影响，其次利用面板数据对中国对外直接投资与东道国技术创新也进行了实证分析，在进行全面的理论分析和实证检验之后，得到以下主要结论。

第一，从对外直接投资和产业结构之间的理论渊源来看，分工是联系对外直接投资和产业结构之间的理论桥梁。产业结构起源的本质在于分工，产业结构的变化很大程度是由分工的推进而决定的，同时对外直接投资是国际分工发展到一定历史阶段的产物，因此分工成了对外直接投资和产业结构之间共同的经济学理论基础。

第二，从中国对外直接投资对东道国产业结构升级的影响看，中国对“一带一路”沿线国家的对外直接投资显著促进了“一带一路”沿线国家产业结构升级。从数量上说，2003—2016 年的 13 年间，中国对外直接投资累计促进“一带一路”沿线国家产业结构升级指数年均增长 6.64 个单位。且在替换解释变量、或替换被解释变量、或考虑逆向因果影响，以及改变计量方法后，结果仍稳健。进一步分析发现，中国对外直接投资通过技术溢出效应、要素供给效应及生产率效应作用于“一带一路”沿线国家产业结构升级，其中，相比技术溢出效应和生产率效应，要素供给效应是中国对外直接投资推动“一带一路”沿线国家产业结构升级的最重要的渠道。同时发现，与中国高层互访能强化中国对外直接投资对“一带一路”沿线国家产业结构升级带来的推动作用，即与中国关系越友好，越能享受到中国对外直接投资带来的产业结构升级效应。中国对外直接投资对“一带一路”沿线国家产业结构升级的影响在异质性东道国间存在较大差异。首先，相对投资于中高收入的“一带一路”沿线国家，投资于中低收入的“一带一路”沿线国家更能促进其产业结构升级；其次，中国对外直接投资更能显著推动与中国有相近人文、包含华人经济圈的“一带一路”沿线国家的产业结构升级；最后，与中国非相邻的“一带一路”沿线国家的产业结构升级效应强于与中国相邻的“一带一路”沿线国家。以上结论证实了中国对不同“一带一路”沿线国家的对外直接投资存在异质性偏好的事实，也说明了中国承担大国责任、考虑整体效应、实施差异化对外直接投资政策的必要性。

第三，从中国对外直接投资对东道国技术创新的影响看，总体上，中国对“一带一路”沿线国家的对外直接投资显著推动了“一带一路”沿线国家的技术创新。在数量上，2003—2016 年，中国对外直接投资共推动

"一带一路"沿线国家专利申请提升0.17%，且在替换解释变量、被解释变量，或考虑逆向因果后，结果仍稳健。就影响机制看，中国对外直接投资会通过基础设施建设、生产率效应影响"一带一路"沿线国家技术创新，而中国对外直接投资对"一带一路"沿线国家的研发投入刺激并不足以影响"一带一路"沿线国家的技术创新。分区域分析发现，相较于"一带"国家，中国对外直接投资更有利于推动"一路"国家的技术创新；相较于向与中国相邻的"一带一路"沿线国家投资，中国向与自身不相邻的"一带一路"沿线国家投资更能推动其技术创新；相较于向包含华人经济圈的"一带一路"沿线国家投资，中国向不包含华人经济圈的"一带一路"沿线国家投资更能显著促进其技术创新。

第二节 政策建议

本书指出了中国对外直接投资的一些重要特点，同时也在理论上和实证上证明了中国对外直接投资对东道国产业结构升级、技术创新的复杂影响。中国对外直接投资对不同东道国的影响是不同的，基于此，放眼未来，中国应综合兼顾各类非正式制度安排，通过国内新一轮改革开放强化自身实力，借助具体国际投资合作项目以及国别和区域经济战略对接来促进安全、责任和命运共同体的形成，坚持"开放区域主义"以最终实现平等、包容、合作的国际体系并提出下列相关的政策建议，以期为当前中国的"走出去"战略政策提供背书。

一、制定中国与东道国产业结构升级的合作框架

长久以来，大国崛起多难逃经济、政治掠夺的怪圈，而由中国提倡的"走出去"战略，强调的是"互利共赢"的合作理念，结论证实中国对外

直接投资通过技术溢出效应、要素供给效应及生产率效应促进了东道国产业结构升级，这有助于缓解国际上对中国大规模对外直接投资出现的“焦虑”情绪。因此，未来可以以制定中国与东道国产业结构升级的合作框架为契机，实现产能互补，通过对外直接投资对发展中国家实现产业转移、对发达国家形成产业合作，进而推动东道国与中国产业结构联动升级。

二、制定差异化的对外直接投资政策

针对东道国，统筹全局利益，制定差异化的对外直接投资政策。中国对外直接投资对不同组别东道国的产业结构升级、技术创新存在异质性影响，以此帮助中国确定差异化产业结构升级调整的政策方向。如对以阿联酋、以色列为主的发达国家，坚持鼓励性的投资政策，积极推动国内企业寻求技术性的跨国投资，共同推动双边产业结构的联动升级。对与中国有着显著人文差异的国家，可以通过绿地投资融入当地文化，以提高投资效率，进而推动当地经济和产业结构的双向提升。对与中国相邻的国家，在政治外交的基础上，多选择直接投资的方式化解周边国家对中国崛起的负面情绪，带动当地就业、技术、产业的全面发展，推动双边产业结构联动升级，实现共赢。

参考文献

[1] 阿弗雷德·马歇尔. 经济学原理 [M]. 廉运杰，译. 北京：华夏出版社，2005.

[2] 陈继勇，雷欣，黄开琢. 知识溢出、自主创新能力与外商直接投资 [J]. 管理世界，2010 (7)：30-42.

[3] 陈沫. 中国能源安全新思考 [J]. 西亚非洲，2012 (6)：94-112.

[4] 陈万灵，何传添. 海上丝绸之路的各方博弈及其经贸定位 [J]. 改革，2014 (3)：74-83.

[5] 陈万灵，何传添. 中国—东盟自由贸易区：基于东盟经济共同体蓝图的战略构想 [J]. 东南亚纵横，2013 (1)：25-30.

[6] 成力为，李翘楚. 企业研发投入结构特征与经济增长模式——基于中国与主要国家企业研发数据的比较 [J]. 科学研究，2017，35 (5)：700-708.

[7] 程大中. 中国参与全球价值链分工的程度及演变趋势——基于跨国投入—产出分析 [J]. 经济研究，2015，50 (9)：4-16，99.

[8] 杜传忠，李建标. 产业结构升级对经济持续快速增长的作用 [J]. 云南社会科学，2001 (4)：30-32.

[9] 干春晖，郑若谷，余典范. 中国产业结构变迁对经济增长和波动的影响 [J]. 经济研究，2011，46 (5)：4-16，31.

[10] 高秀艳. 国际产业转移与我国产业升级问题探析 [J]. 理论界，2004 (5)：243-244.

［11］龚强，张一林，林毅夫．产业结构、风险特性与最优金融结构［J］．经济研究，2014，49（4）：4－16.

［12］谷媛媛，邱斌．来华留学教育与中国对外直接投资——基于“一带一路”沿线国家数据的实证研究［J］．国际贸易问题，2017（4）：83－94.

［13］郭宏宇，竺彩华．中国—东盟基础设施互联互通建设面临的问题与对策［J］．国际经济合作，2014（8）：26－31.

［14］郭克莎．总量问题还是结构问题？——产业结构偏差对我国经济增长的制约及调整思路［J］．经济研究，1999（9）：15－21.

［15］郭烨，许陈生．双边高层会晤与中国在“一带一路”沿线国家的直接投资［J］．国际贸易问题，2016（2）：26－36.

［16］韩永辉，黄亮雄，邹建华．中国经济结构性减速时代的来临［J］．统计研究，2016，33（5）：23－33.

［17］韩永辉，邹建华．“一带一路”背景下的中国与西亚国家贸易合作现状和前景展望［J］．国际贸易，2014（8）：21－28.

［18］韩永辉，邹建华．引资转型、FDI 质量与环境污染——来自珠三角九市的经验证据［J］．国际贸易问题，2015（7）：108－117，167.

［19］贺宁华．丝绸之路经济带建设中我国企业对外直接投资面临的风险防范研究——基于丝路沿线国家经济基本状况的分析［J］．经济体制改革，2016（4）：133－138.

［20］胡荪予．丝绸之路与“一带一路”的历史文化发展进程［J］．山西农经，2018（8）：3－5.

［21］黄亮雄，韩永辉，王佳琳，等．中国经济发展照亮“一带一路”建设——基于夜间灯光亮度数据的实证分析［J］．经济学家，2016（9）：96－104.

［22］黄先海，余骁．以“一带一路”建设重塑全球价值链［J］．经济学家，2017（3）：32－39.

［23］冀相豹，葛顺奇．母国制度环境对中国 OFDI 的影响——以微观企业为分析视角［J］．国际贸易问题，2015（3）：76－85．

［24］贾妮莎，韩永辉，邹建华．中国双向 FDI 的产业结构升级效应：理论机制与实证检验［J］．国际贸易问题，2014（11）：109－120．

［25］贾妮莎，雷宏振．对外直接投资与劳动收入份额——来自中国微观企业的经验证据［J］．国际经贸探索，2017，33（9）：86－98．

［26］贾妮莎，申晨．中国对外直接投资的制造业产业升级效应研究［J］．国际贸易问题，2016（8）：143－153．

［27］江小涓．中国对外开放进入新阶段：更均衡合理地融入全球经济［J］．经济研究，2006（3）：4－14．

［28］蒋冠宏，蒋殿春．中国工业企业对外直接投资与企业生产率进步［J］．世界经济，2014，37（9）：53－76．

［29］蒋希蘅，程国强．“一带一路”建设的若干建议［J］．西部大开发，2014（10）：98－101．

［30］金碚，吕铁，邓洲．中国工业结构转型升级：进展、问题与趋势［J］．中国工业经济，2011（2）：5－15．

［31］赖明勇，钟文华，谢锐．“后雁行模式”下的中韩电子信息产业贸易——合作还是竞争？［J］．世界经济研究，2010（5）：75－81，89．

［32］李泳．中国企业对外直接投资成效研究［J］．管理世界，2009（9）：34－43．

［33］连玉君．中国上市公司投资效率研究［M］．北京：经济管理出版社，2009．

［34］林良沛，揭筱纹．比较视角下中国对“一带一路”国家直接投资的影响因素分析［J］．广东财经大学学报，2017，32（1）：57－62．

［35］刘斌斌，丁俊峰．出口贸易结构的产业结构调整效应分析［J］．国际经贸探索，2015，31（7）：42－51．

［36］刘志彪．产业升级的发展效应及其动因分析［J］．南京师大学

报：社会科学版，2000（2）：3－10.

［37］毛其淋，许家云．中国外向型FDI对企业职工工资报酬的影响：基于倾向得分匹配的经验分析［J］．国际贸易问题，2014（11）：121－131.

［38］聂爱云，陆长平．制度约束、外商投资与产业结构升级调整——基于省际面板数据的实证研究［J］．国际贸易问题，2012（2）：136－145.

［39］齐明珠．中国农村劳动力转移对经济增长贡献的量化研究［J］．中国人口·资源与环境，2014，24（4）：127－135.

［40］綦建红，杨丽．文化距离与我国企业OFDI的进入模式选择——基于大型企业的微观数据检验［J］．世界经济研究，2014（6）：55－61，88－89.

［41］綦建红，杨丽．中国OFDI的区位决定因素——基于地理距离与文化距离的检验［J］．经济地理，2012，32（12）：40－46.

［42］邵建平，苏小敏，张永．西部自我发展能力提升对策研究——基于比较优势承接东部产业转移的视角［J］．科技进步与对策，2012，29（6）：44－47.

［43］申现杰，肖金成．国际区域经济合作新形势与我国“一带一路”合作战略［J］．宏观经济研究，2014（11）：30－38.

［44］宋维加，王军徽．ODI对母国制造业产业升级影响机理分析［J］．宏观经济研究，2012（11）：39－45，91.

［45］孙早，宋炜，孙亚政．母国特征与投资动机——新时期的中国需要怎样的外商直接投资［J］．中国工业经济，2014（2）：71－83.

［46］汪伟，刘玉飞，彭冬冬．人口老龄化的产业结构升级效应研究［J］．中国工业经济，2015（11）：47－61.

［47］王碧珺．中国参与全球投资治理的机遇与挑战［J］．国际经济评论，2014（1）：6－7，94－109.

［48］王海运，赵常庆，李建民，等．“丝绸之路经济带”构想的背

景、潜在挑战和未来走势［J］. 欧亚经济，2014（4）：5－58，126.

［49］王京烈. 中东地区安全与大国干涉的影响［J］. 西亚非洲，2013（6）：34－51.

［50］王明益. 外资异质性、行业差异与东道国技术进步——基于制造业分行业的全参数与半参数估计比较［J］. 财经研究，2014，40（9）：109－120.

［51］王然，燕波，邓伟根. FDI 对我国工业自主创新能力的影响及机制——基于产业关联的视角［J］. 中国工业经济，2010（11）：16－25.

［52］王岳平. “十一五”时期我国产业结构变动趋势及政策建议［J］. 宏观经济研究，2004（3）：22－26.

［53］文东伟，冼国明，马静. FDI、产业结构变迁与中国的出口竞争力［J］. 管理世界，2009（4）：96－107.

［54］夏先良. 构筑“一带一路”国际产能合作体制机制与政策体系［J］. 国际贸易，2015（11）：26－33.

［55］许和连，孙天阳，成丽红. “一带一路”高端制造业贸易格局及影响因素研究——基于复杂网络的指数随机图分析［J］. 财贸经济，2015（12）：74－88.

［56］亚当·斯密. 国民财富的性质和原因的研究［M］. 郭大力，王亚南，译. 北京：商务印书馆，1979.

［57］杨飞虎，晏朝飞，熊毅. 政府投资、人力资本提升与产业结构升级——基于面板 VAR 模型的实证分析［J］. 经济问题探索，2016（12）：18－25.

［58］杨小凯，张永生. 新兴古典经济学与超边际分析［M］. 北京：社会科学文献出版社，2003.

［59］于彬彬. 产业结构调整与生产率提升的经济增长效应——基于中国城市动态空间面板模型的分析［J］. 中国工业经济，2015（12）：83－98.

［60］于泽，徐沛东. 资本深化与我国产业机构转型——基于中国

1987—2009 年 29 省数据的研究［J］. 经济学家，2014（3）：37－45.

［61］张理娟，张晓青，姜涵，等. 中国与“一带一路”沿线国家的产业转移研究［J］. 世界经济研究，2016（6）：82－92，135.

［62］张茉楠. 适应跨境资本双向流动新常态［N］. 经济参考报，2014－08－11（1）.

［63］赵惟. 近二十年中国产业结构的演变及其成因探析［J］. 现代财经，2005（6）：39－42.

［64］郑振雄，刘艳彬. 要素价格扭曲下的产业结构演进研究［J］. 中国经济问题，2013（3）：68－78.

［65］郑若谷. 国际外包承接与中国产业结构升级［M］. 上海：上海人民出版社，2016.

［66］仲伟周，陈晨. 贸易开放、人力资本门限与区域创新发展——基于省级面板数据的实证研究［J］. 经济问题探索，2018（2）：58－66.

［67］周先波，田凤平. 中国城镇和农村居民医疗保健消费的差异性分析——基于面板数据恩格尔曲线模型的非参数估计［J］. 统计研究，2009，26（3）：51－58.

［68］周振华. 产业结构优化论［M］. 上海：上海人民出版社，1992.

［69］祝树金，陈艳，谢锐. “龙象之争”与“龙象共舞”——基于出口技术结构的中印贸易关系分析［J］. 统计研究，2009，26（4）：25－32.

［70］ACEMOGLU A，GUERRIER V. Captial Deepening and Non－Balanced Economic Growth［J］. Ssrn Electronic Journal，2006（116）：467－498.

［71］AITKEN B J，HARRISON A E. Do Domestic Firms Benefit from Direct Foreign Investment? Evidence from Venezuela［J］. The American Economic Review，1999，89（3）：605－618.

［72］ARELLANO M，BOND S. Some Tests of Specification for Panel Data：Monte Carlo Evidence and an Application to Employment Equations［J］.

The Review of Economic Studies, 1991, 58 (2): 277 -297.

[73] ARELLANO M, BOVER O. Another Look at the Instrumental Variable Estimation of Error - components Models [J]. Journal of Econometrics, 1995, 68 (1): 29 -51.

[74] BLUNDELL R, BOND S. Initial Conditions and Moment Restrictions in Dynamic Paneldata Models [J]. Journal of Econometrics, 1998, 87 (2): 115 -143.

[75] CHATMAN D G, NOLAND R B. Do Public Transport Improvements Increase Agglomeration Economies? A Review of Literature and an Agenda for Research [J]. Transport Reviews, 2011, 31 (6): 725 -742.

[76] CHEN Y, HSU W C, WANG C. Effects of Outward FDI on Home - country Export Competitiveness: The Role of Location And Industry Heterogeneity [J]. Psychological Studies, 2012, 5 (1): 56 -73.

[77] DIMELIS S P. Spillovers from Foreign Direct Investment and Firm Growth: Technological, Financial and Market Structure Effects [J]. International Journal of the Economics of Business, 2005, 12 (1): 85 -104.

[78] DUNNING J H. The Investment Development Cycle Revisited [J]. Weltwirtschaftliches Archiv, 1986, 122 (4): 667 -676.

[79] FEENSTRA R C, HANSON G H. Globalization, Outsourcing, and Wage Inequality [J]. The American Economic Review, 1996 (86): 240 -245.

[80] GILCHRIST S, HIMMELBERG C. Investment: Fundamentals and Finance [J]. NBER Macroeconomics Annual, 1998, 13 (1): 223 -262.

[81] GROSSMAN G M, ROSSI - HANSBERG E. Trading Tasks: A Simple Theory of Offshoring [J]. American Economic Review, 2008 (98): 1978 -1997.

[82] GUATAFSSON P, SEGERSTROM P S. North - South Trade with Multinational Firms and Increasing Product Variety [J]. International Economic

Review, 2011, 52 (4): 1123 -1155.

[83] HARZING A W. Acquisitions versus Greenfield Investments: International Strategy and Management of Entry Modes [J]. Strategic Management Journal, 2002, 23 (3): 211 -227.

[84] HAVRANEK T, IRSOVA Z. Estimating Vertical Spillovers from FDI: Why Results Vary and What the True Effect is [J]. Journal of International Economics, 2011, 85 (2): 234 -244.

[85] HAYAKAWA K, MATSUURA T, MOTOHASHI K, et al. Two - dimensional Analysis of the Impact of Outward FDI on Performance at Home: Evidence from Japanese Manufacturing Firms [J]. Japan and the World Economy, 2013, 27 (8): 25 -33.

[86] HENDERSON J V, ADAM S, DAVID N W. Measuring Economic Growth from Outer Space [J]. The American Economic Review, 2012, 102 (2): 994 -1028.

[87] KELLER W, YEAPLE S R. Multinational Enterprises, International Trade, and Productivity Growth: Firm - level Evidence from the United States [J]. The Review of Economics and Statistics, 2009, 91 (4): 821 -831.

[88] KEVIN H Z. How does Foreign Direct Investment Affect Industrial Competitiveness? Evidence from China [J]. China Economic Review, 2014, 30 (9): 530 -539.

[89] KNELLER R, PISU M. Industrial Linkages and Export Spillovers from FDI [J]. The World Economy, 2007, 30 (1): 105 -134.

[90] KOLSTAD I, WIIG A. What Determines Chinese Outward FDI? [J]. Journal of World Business, 2010, 47 (1): 26 -34.

[91] LI X Y. Foreign Direct Investment and Economic Growth: An Increasingly Endogenous Relationship [J]. World Development, 2004, 33 (3): 393 -407.

[92] LOVE I, ZICCHINO L. Financial Development and Dynamic Investment Behavior: Evidence from Panel VAR [J]. The Quarterly Review of Economics and Finance, 2005, 46 (2): 190 - 210.

[93] MACELARU P S. Transfer Pricing and FDI [J]. Acta Universitatis Danubius: OEconomica, 2013, 9 (4): 355 - 366.

[94] MARANO V, TASHMAN P, KOSTOVA T. Escaping the Iron Cage: Liabilities of Origin and CSR Reporting of Emerging Market Multinational Enterprises [J]. Journal of International Business Studies, 2017, 48 (3): 386 - 408.

[95] MARCELA E, FIELER A C, DANIEL Y X. (Indirect) Input Linkages [J]. The American Economic Review, 2015, 105 (5): 662 - 666.

[96] MARKUSEN J R, VENABLES A J. Foreign Direct Investment as a Catalyst for Industrial Development [J]. European Economic Review. 1999, 43 (2): 335 - 356.

[97] MATHEWS J A. Dragon Multinationals: New Players in 21st Century Globalization [J]. Asia Pacific Journal of Management, 2006, 23 (1): 5 - 27.

[98] MAURICE K. Spillovers from foreign direct investment: Within or Between industries [J]. Journal of Development Economics, 2005, 80 (2): 444 - 477.

[99] OZAWA T. The Macro - IDP, Meso - IDPs and the Technology Development Path [M]. London and New York: Routledge, 1996.

[100] PAVLINEK P, DOMANSKI B, GUZIK R. Industrial Upgrading Through Foreign Direct Investment in Central European Automotive Manufacturing [J]. European Urban and Regional Studies, 2009, 16 (1): 43 - 63.

[101] THOENIG M, VERDIER T. A Theory of Defensive Skill - biased Innovation and Globalization [J]. The American Economic Review, 2003, 93 (3): 709 - 728.

［102］ VAHTER P, MASSO J. Home Versus Host Country Effects of FDI: Searching for New Evidence of Productivity Spillovers ［J］. General Information, 2006, 53 (2): 506 - 525.

［103］ WAN J, BAYLIS K, MULDER P. Trade - facilitated Technology Spillovers in Energy Productivity Convergence Processes Across EU Countries ［J］. Journal of Energy Finance & Development, 2015 (48): 253 - 264.